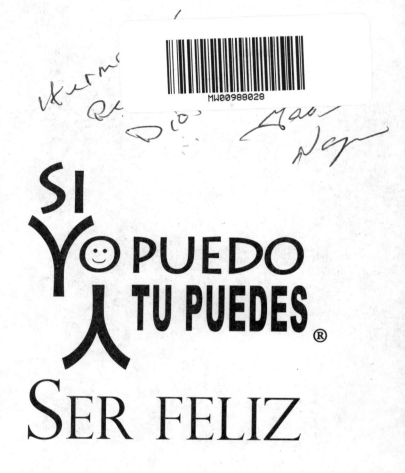

Si Yo Puedo Tu Puedes

Ser Feliz

Gabriel Nájera

Índice

Introducción

Parece mentira que hayan pasado ya más de 20 años desde que escribí "Sonríe a mi manera". Tantas cosas he vivido desde entonces que he sentido el deseo de narrarlas para compartirlas con todos aquellos que se acerquen a este libro. Sean pues bienvenidos queridos lectores.

El aprendizaje nunca termina, cada momento, cada reflexión, si así lo queremos, nos puede llevar más y más lejos superando nuestras metas. La vida nunca se mantiene estática y siempre hay sorpresas que nos hacen crecer como personas haciéndonos únicos. En mi caso, veo que el camino de mi vida continua creciendo y no hay nada que me haga creer lo contrario...

Recuerdo un viejo dicho con el que quiero comenzar a compartirte esta historia: "Hay que recoger las piedras que nos hacen tropezar en el camino para construir nuestro castillo", esta es una manera de definir un poco la experiencia por la que tuve que pasar para mi primer libro:

"Sonríe a mi manera" nació por aquellas personas que me han expresado su gratitud al decir que al verme sienten una energía que les ayuda.

Todo comenzó cuando conocí a una persona que se acercó a mí para decirme que estaba sorprendida, admirando el valor que yo mostraba a la gente y a las adversidades que tenía yo que enfrentar para salir adelante sin detenerme. Me comentó que era escritora y que estaba haciendo un guión para una película en Hollywood y que, si me parecía bien, podía hacer uno en donde contara como ha sido mi vida.

Yo era muy joven, tenía entonces veinte años menos que ahora y me entusiasmé mucho con la idea, todo esto iba a necesitar mucho esfuerzo, tiempo y paciencia; yo tenía que hacer grabaciones de mi vida y pasar por todo el proceso que se requería. El entusiasmo que al principio noté en las palabras de ella, me decía que realmente quería hacerlo, quería presentar todo un guión que se podía convertir en una película, yo sólo tendría que contarle mi historia y ella haría el resto. Llegamos al acuerdo de un sueldo semanal que yo tenía que pagar para que pudiera dedicarse a este proyecto de tiempo completo sin distracciones de otra índole, así lo hice y con mucho entusiasmo comencé a grabar la narración de mi vida.

Le entregué los primeros cassettes (aún había cassettes) para que ella comenzara su parte del trabajo.

Pero ¿Te imaginas mi sorpresa al darme cuenta de que sólo le interesaba el sueldo? Después de algún tiempo no veía resultados, me daba largas para mostrarme el avance de su trabajo, así paso una semana, dos semanas y así ella seguía sin mostrarme algo de lo que supuestamente había hecho, comencé a dudar cada vez más aunque yo le seguía entregando grabaciones y continuaba pagándole, al final de la cuarta semana exigí un producto, a lo que solo escuche excusas que decían que se había comprometido a otro trabajo y no pudo con todo, le exigí entonces lo que ya tenía hecho, después de 3 meses de discusión me lo dio.

Para ese momento yo había aprendido que "todo tiene su precio", tuve que gastar mi dinero pagándole para que yo me sentara a grabar lo que tenia que decir, tuve que esperar algo extraordinario, alguien que me dijera que lo escribiera para comenzar a contar la historia de mi vida.

Pero, si no comenzáramos nuestros proyectos con una buena actitud, superándolo todo para alcanzarlos y terminar con el mismo entusiasmo con el que los iniciamos para sentir renovadas nuestras fuerzas al verlos cumplidos e ir siempre por más ¿Qué sería de nosotros?

Aproximadamente 2 años después, dentro de mí negocio de diseño de páginas Web conocí a otra persona en la que pude confiar de nuevo para continuar el proyecto de escribir el libro. El era un cliente mío, su manera de acercarse fue lo que me motivó a darle mi confianza para contarle la situación por la que pase y aunque no era escritor, sino que se dedicaba a hacer manuales de procedimientos en una empresa, inmediatamente me dijo:
-Yo puedo ayudarte a hacer el libro.
- Me parece buena idea, respondí. Pero ¿Cuánto me va a costar?
-No te preocupes, tú me has ayudado mucho en mis páginas de internet y mi negocio, así que dame tu material y vemos que podemos hacer.
-Muchas gracias, me ayudaras a cumplir un sueño que pensé no iba a lograrse pronto.

Dos semanas después regresó con el libro en manos, fue él quien me ayudó a plasmar un poco lo que quería decir - mi primer libro empezaba a ser una realidad gracias a su ayuda- lo leí y me gustó, a excepción de algunos detalles, pero ahí estaba, trabajamos juntos un tiempo más hasta dejarlo lo mejor posible, como dije, el no era escritor para este tipo de libros, así que quedó un poco como manual técnico, pues su área no era precisamente la que yo manejaba en "sonríe a mi manera" y en ese momento no podía yo gastar en alguien que corrigiera ese detalle.

Esa época de mi vida era muy diferente a la de hoy, entonces el país atravesaba por una fuerte crisis económica, estábamos en una época de devaluaciones y como todos fui afectado, mis negocios se fueron abajo. La persona que me ayudo fue una luz, una oportunidad, era parte del no dejarme caer y alcanzar mi deseo de expresar eso que sentía y necesitaba decirle a las personas, eso que a mi me ha motivado y me ha llevado hasta donde estoy, ese momento, al escribir "Smile my way", fue igual una experiencia de aprendizaje.

Ahora, con libro terminado tenía que idear la manera de darlo a conocer. Sin dinero, las posibilidades de publicarlo estaban muy lejanas y haciendo mis cuentas, no era mi mejor opción el mandarlo a imprimir, así que busqué soluciones hasta que finalmente me decidí por la Internet, aunque esta nueva tecnología apenas comenzaba a ser conocida fue, después de todo, mi mejor opción. Subí mi libro a la Red y aposté a ese concepto, la gente podía imprimirlo en casa si así lo deseaba o leerlo desde su computadora. Un riesgo calculado era como yo lo veía, sabía que podía tener la oportunidad de obtener por lo menos el 1% de un millón de usuarios que en ese momento existían en la internet, eso, por supuesto, no estaba nada mal para comenzar a difundir mi historia y el mensaje que con ella quería dar.

Ahí estaba el inicio de nuevas posibilidades. Aparte del ahorro económico que significaba no imprimir copias sino publicarlo en la red, atrajo nuevas posibilidades de crecimiento personal en diferentes aspectos, de ahí surgieron muchas más oportunidades que me permitieron aprender, me adentre más en el marketing por internet, investigué las mejores formas de promoción y logré apoyarme incluso profesionalmente en esta nueva etapa mediante ese trabajo, ayudando a mi negocio a salir adelante, Houston Internet Consulting Services, una empresa creada por mi, dedicada a dar asesoría al mundo sobre la internet, imagínate las ventajas que todo eso trajo a mi vida.

Como ya lo mencioné, ha sido un camino largo el que he recorrido, tampoco ha sido fácil, pero el estar aquí es una prueba de que tampoco ha sido imposible.

Ese primer libro fue un paso muy importante, pero había muchos más, todos representando grandes retos por vencer. Lo que quiero expresar con esto, es que los logros no surgen tan solo de nuestros deseos, no son de la noche a la mañana, lo que logramos viene acompañado de esfuerzo y perseverancia.

Éste, mi segundo libro, me hace esa remembranza del primero. Al verlo realizado me doy cuenta de que ha valido la pena no dejarse vencer por las adversidades internas y externas con las que con frecuencia nos encontramos, porque hay algo mas importante que todo eso y es el hecho de estar, sí, para mí, estar aquí haciéndote parte de esta historia, diciéndote con mi experiencia de vida, que si es posible vivir feliz.

Te contaré parte de mi camino recorrido durante estos 20 años...

Con todo aquello que una experiencia nos deja, siento que he aprendido y comprendido muchas cosas acerca de las dificultades que nos desilusionan y pueden llevarnos al desánimo. Partir de una idea para lograr vencer los obstáculos que se presentan, y tener finalmente nuestros sueños realizados, es algo que valoro enormemente y me hace pensar en esa sensación de satisfacción hasta lograr sentirla, aquí, tan real y presente. A lo largo de este tiempo, mi vida ha cambiado tanto y es este el momento de contarte como es que he llegado hasta lo más alto: el éxito, la felicidad plena, sintiendo aún mejor, que puedo ir por más.

La razón de ser de este segundo libro es tratar de llegar al corazón de la gente, ser parte de una inspiración acompañado por el deseo de abrir un camino positivo en la mente de los lectores, basándome en el mensaje que he llevado a diferentes partes del mundo: "Si yo puedo, tú puedes", hablando no solo de mis actividades de la vida diaria, sino de mi lucha por alcanzar la libertad de valerme por mi mismo y más que esto, contarte mi manera de vivir siempre positivo ante todo, abriendo un camino en mente y espíritu para llegar a decirte con toda seguridad que me considero una persona feliz llena de éxitos y muchas más metas por cumplir.

¿Quién soy?

Soy Gabriel Nájera, una persona que se siente lleno de vida, ideas, ilusiones y sueños. Soy una persona como dije, "Feliz" con todas las características que esta palabra trae consigo, así me describo, una persona que sobre todo se siente "completa", queriendo llegar a ti y que juntos formemos una idea de lo que es el éxito formado a partir de la felicidad y una idea positiva de la vida; deseo compartir mi experiencia y la manera en la que fui manejando cada situación, la manera en la que yo lo obtuve, con el principal objetivo de decirte y que realmente sientas que ¡sí se puede!.

Las personas me preguntan ¿Cuál es mi secreto?

-Te lo voy a contar…

Te diré que camino he decidido tomar en cuerpo y alma, que características me han llevado a la armonía y que en conjunto me ha traído la felicidad, quiero decirte que lo que muchos llaman una imposibilidad es la meta más alcanzable.

He llamado este libro así porque "la felicidad" es eso, una meta que podemos alcanzar, no estoy hablando de una felicidad momentánea o de una temporada, no, la felicidad es posible en su máximo esplendor, y ¡Si yo puedo, tu puedes! lograrla en su máximo brillo, trayendo con esto más a la vista de tus ojos, de tu sentir, todo lo positivo y bello que la vida tiene para ti y para todos.

En lugar de fijarnos en algo que no va con nosotros, momentos que lo único que hacen es nublar nuestra mente y frenar nuestro camino al éxito en todos los aspectos, frenar la felicidad, mira siempre lo mejor.

Decía Aristóteles: "La felicidad es al mismo tiempo la mejor, la más noble y más placentera de todas las cosas"
Si es así, entonces ¿Qué estamos haciendo al mirar el lado contrario dejando que no afecte de más?

Y así comienzo a escribir un poco de lo que quiero compartir acerca de mí…

Me di cuenta de que por más normal que yo viera mi vida, había quienes no sentían lo mismo, mi mayor sorpresa fue que lo que para mí era una forma natural de vivir, dada mi circunstancia, podía despertar tantos sentimientos positivos en los demás si continuaba haciendo lo que hago, logrando también mi propia felicidad. Toda mi experiencia no puede dejarla pasar desapercibida, quiero expresar a todos los que sean posibles a través de mis libros, conferencias y talleres, el mensaje que he llevado y seguiré transmitiendo "Si yo puedo, tu puedes".

Mis actividades diarias son las mismas que tú haces: manejo mi coche, hago mis compras, trabajo, viajo, venciendo retos día a día.

Ante todo, deseo expresar que gran parte de mi éxito ha sido gracias a las personas maravillosas que se han cruzado en mi vida, podría nombrar a muchas, pero el crédito más grande se lo doy a mis padres por su ejemplo, su fortaleza, su deseo de hacerme crecer sin decir no a las oportunidades que me permitirían dar un paso adelante, muchas veces, sin hacer caso al escepticismo de las personas a quienes les parecía imposible que los deseos y sueños que yo tenía pudieran llegar ser realidad un día.

Así es, mucha gente decía que yo no podría valerme por mí mismo, los doctores incluso al nacer no me daban muchas esperanzas de vida, además de decir que si sobrevivía siempre requeriría de cuidados, y claro, mucho menos podría llegar a ser persona independiente y exitosa.

Efectivamente, físicamente no soy igual a los demás, pero nada de eso me ha frenado, he enfrentado mi circunstancia con una mentalidad fuerte, estoy aquí hoy para decirte cómo fue que logré mi éxito en todos los aspectos: personal, espiritual y profesional. Lo que me he propuesto lo he realizado. He tenido momentos difíciles y llevado a cabo grandes esfuerzos, sin embargo, esos momentos y esfuerzos hoy, al recordarlos, me hacen sentir muy feliz, tu veras y conocerás más de mi aquí, sobre todo sabrás porque digo todo esto.

Nací así, y no conozco otra vida, ésta es la mía, mis límites pudieron haber estado en mi mente si me hubiese dejado llevar por la de los demás, por aquellos que al verme les parecía imposible que yo pudiera tener un desarrollo libre e independiente, pero mi manera de vivir ha sido siempre la de no dejarme vencer ni estar quieto un instante: Busco el camino que me haga crecer como persona en todos los aspectos, encontrando siempre la mejor manera de resolver los problemas que se me han presentado, analizando alternativas, transformando mi entorno y más.

He buscado hacer también lo que más me gusta, he procurado tener éxito en cada una de las metas que me he propuesto y ¡vaya que lo he encontrado!

En 16 años he creado seis diferentes empresas, desde una empresa de exportaciones internacionales hasta una taquería, siempre buscando la manera de lograr nuevos retos y cumplir metas valiéndome por mi mismo en todos los aspectos. Tengo mi propia casa en Houston y desde que saqué mi licencia de manejo he tenido 6 automóviles, dejando cada uno con un kilometraje excesivo, llegando a los 400 mil kilómetros de tanto que he viajado, recorriendo yo solo infinidad de lugares.

Deseo que sientas lo que voy a contarte, pensando que ¡todo es posible para todos! Te comparto no una ficción sino una historia real, mi propia historia, la narración de un camino esforzado, que día con día ha enfrentado los pensamientos de gente que cree que no es posible el que yo tenga una vida como la llevo, pero también he encontrado corazones que con mi presencia se llenan de fuerza, eso es lo que más vale la pena para mí.

Mi vida es tan normal como la de otras personas, así la veo yo, pero, como te dije, reconozco que hay quienes me miran de manera diferente. Ha habido quien sin conocerme y sin que yo diga nada, me expresan que soy para ellos como una inspiración, que he cambiado algo en su persona, que sienten paz y sus problemas de pronto no son tan grandes como parecían, esa manera de hablarme y expresarse me hizo preguntarme muchas cosas: ¿Qué pasa por sus mentes que les hace pensar que no pueden? ¿Qué puedo hacer yo para mostrarles todas las posibilidades que tienen en su vida? ¿Qué puedo decirles para que vean que el querer es poder?

La sombra del ¿Por qué?

Todos hemos tenido momentos en los que nos preguntamos ¿Por qué? En todas las formas posibles que pueda relacionarse esa pregunta. Dicen por ahí que "todo pasa por una razón", muchos incidentes en mi vida, en relación a esto, me han hecho pensar como a muchos seguramente les ha pasado, me he preguntado eso -¿Por qué? ¿Por qué me está pasando esto? ¿Por qué tuvo que morir esa persona? ¿Por qué estoy en ésta posición? Todo tuvo una respuesta después de una experiencia que trajo consigo una hermosa reflexión...

Viviendo en Houston hice una amistad muy bonita con unas personas que vivían en el mismo vecindario que yo, ellos eran de Guadalajara, eran indocumentados y habían hecho ahí su vida, tienen dos hijas, ellos trabajan muy duro pero en ese momento no podían salir del país por su situación migratoria, su familia se había quedado en México, su mamá, su papá, todos. En una de nuestras pláticas me comentaron que su madre estaba muy enferma y necesitaba medicamentos que eran muy caros allá en donde vivía. Investigando supieron que en Houston el precio de éste era mucho menor y comprarlas no era el problema, llevarlas era su mayor dificultad. En ese momento pensando en toda la gente que a mí me ha ayudado, solo pensé en que yo podría hacerlo, así que me ofrecí para llevar las medicinas y ya que iría en automóvil, llevaría todo lo que me pidieran a su familia en México si así lo querían; al principio no aceptaron mi oferta diciendo que era mucho pedir, pero finalmente accedieron en su necesidad de querer ayudar a su mamá. Así, sin problemas, emprendí mi viaje una madrugada, yo solo en mi automóvil pero siempre acompañado de mi música, los bellos paisajes y el camino.

Ya en varias ocasiones había hecho viajes a México, pero mi destino siempre había sido otro, no sabía el camino para llegar a Guadalajara y mi coche en esa ocasión no me ayudó mucho…

Entrando a México se descompuso el auto en medio del desierto, era muy temprano y no sabía que hacer, había pocos coches y los que pasaban no tenían la intensión de detenerse, parado a mitad de la carretera tratando de mantener la paciencia y confiado en que si esperaba lo suficiente el carro arrancaría de nuevo, dejé que pasara casi media hora, cuando hice el intento ¡funcionó! me sentí contento y aliviado. Después de un largo camino, llegué hasta Guadalajara. El reto ahora era buscar la casa en una ciudad en la que nunca había estado pero como dicen, preguntando se llega a Roma y encontré mi destino sin mayor problema.

Debo confesar que cuando me ofrecí a llevar las medicinas nunca imaginé las oportunidades que con éste viaje tendrían ni todas las experiencias que me esperaban.

-Por fin llegué, baje del auto y toqué la puerta; al abrirse me encontré con una expresión de sorpresa e incredulidad, era obvio que no esperaban verme a mí, esperaban ver a alguien diferente, no con el físico que yo tenía, ¿Cómo fue que realizó ese viaje tan largo? -me preguntaban o se preguntaban ellos mismos- mis vecinos no les habían dicho como era yo, o, por así decirlo, como era el mensajero, y seguro que lo hicieron con buena intención, como una sorpresa y quizá para no incomodarme con el recibimiento y tratos diferentes a los cuales no estaba acostumbrado, pero no funcionó.

El recibimiento fue tal, que no hallaban la manera de darme más atención de la que pedía, me querían dar de comer en la boca, la comida me la daban en trozos pequeñitos como si fueran para un bebe, me ofrecieron incluso que alguien podía meterse conmigo a la regadera para ayudarme en mi aseo personal, o acompañarme al sanitario a cualquier hora del día, todo de una forma amable pero exagerada, les dije que no era necesario y poco a poco ellos se fueron dando cuenta de lo independiente que yo era, que podía hacer todo sin la ayuda de alguien.

Más que nada recuerdo su recibimiento lleno de mucho cariño, tal fue lo entrañable del encuentro, que el plan de dormir ahí sólo una noche y seguir mi camino cambió.

Me pidieron que me quedara un día más, al paso de ese día se corrió la voz de que yo estaba en la casa, fue cuando amigos y familiares se acercaron a mí para conocerme y platicar de mis experiencias, lo que causó que el viaje de un día se convirtiera en cuatro, la estancia se había vuelto bastante agradable y cuando me pidieron que me quedara accedí con mucho gusto...

Pero el día de mi partida era inevitable, tenia cosas que hacer en Houston y no podía, aunque quisiera, quedarme más tiempo, me despedí muy contento, con la fortuna de haber conocido gente con la que aún me mantengo en contacto y considero buenos amigos, pero no esperaba lo siguiente: Antes de partir la familia me compartió algo muy hermoso, su agradecimiento fue más allá de lo que yo esperaba, sus palabras tocaron mi corazón, lo recuerdo con tanto cariño que hoy yo también les agradezco inmensamente. Me dijeron que la señora tuvo una mejoría notable durante mi estancia (tan solo cuatro días), ellos pensaban que más que las medicinas que había llevado, fue la buena energía que se transmitía con mi presencia la que más le había ayudado, me quedé conmovido, esa experiencia se había convertido en una de las mejores en mi vida. Pensar que podía influir tanto en alguien al grado de sentir mejoría en una enfermedad, lleno mi ser de buenos pensamientos, pero también me dejó con algunas preguntas en mente durante mi regreso ¿Por qué? ¿Por qué estoy yo aquí? ¿Cuál es el propósito de mi vida? En ese momento pensé que podía ser para eso -Dar un poco de alegría, felicidad, para ser, como dicen -un ejemplo de vida-

He hecho muchas cosas antes de esto, antes de dedicarme a difundir este hermoso mensaje que deseo compartir: me dediqué a mis actividades diarias, mis empresas, salir adelante, vivir, disfrutar mi vida, pero no había pensado en lo que podía transmitir viviendo de esa manera -"siempre feliz"-.

También he encontrado algo muy cierto en lo que creo y puedo asegurar: quiero decirte que, por mi experiencia, creo firmemente en que todos tenemos esa gran oportunidad de ocupar ese don que Dios puso en cada uno de nosotros, todos tenemos la capacidad de cambiar el mundo con un simple acto, una actitud, una sonrisa…

Eso hace de nuestra vida algo hermoso y ver la vida así, provoca una reacción positiva en nosotros mismos en todos los aspectos para transmitirla a los demás.

Compartir lo mejor de lo nuestro, mantenernos positivos sin temor a que alguien se aproveche de nosotros, sin estar a la defensiva, quitar esa barrera y abrirnos como seres humanos para compartir lo mejor que tenemos puede cambiar todo nuestro entorno. ¡Que bonito! me di cuenta de que no sólo podía ser yo, pero podía ser un ejemplo para que la gente se diera cuenta de ello, de que en verdad todos podemos compartir nuestra mejor sonrisa, nuestra mejor actitud de corazón, con gente que esta enferma, con personas que necesitan de ti, de una sonrisa, ayudar a personas que piensan que ya no hay remedio, todos podemos hacerlo y comenzar a envolvernos de esa "energía positiva" ser parte importante de un comienzo a ese cambio que el mundo tanto necesita.

He aprendido a no esconderme, no tengo por qué hacerlo, no tengo por qué evitar ser positivo, no veo vergüenza en ello, todo lo contrario, es algo que debe levantarnos como seres humanos, no tengo por qué ponerme barreras ni escuchar a los demás diciendo que no se puede ser tan positivo después de todo lo que nos rodea. Encontré que mi vida es más feliz y completa cuando me abro a la gente, cuando platico sinceramente, cuando doy una sonrisa que sale del alma, cuando doy lo mejor de mí. Eso era algo que ya traía conmigo desde pequeño, pero no había reflexionado sobre el efecto tan sencillo pero relevante que puede tener en mí y los que me rodean.

Increíble pero cierto, aún faltaba más por vivir en ese viaje, más por aprender...

En mi regreso el coche se volvió a descomponer y podría decir que fue casi en el mismo lugar que la vez anterior, solo que ahora eran la 1:00 de la madrugada en domingo, pensando en la experiencia pasada, esperé, con la esperanza de que encendiera de nuevo, pero no fue así. Hay momentos en los que te sientes tan bien que piensas que nada puede pasar que cambie tu estado de ánimo, de pronto algo sale mal y cambia todo, seguro que también te ha pasado.

Me sentía inútil de nuevo, no sabía qué hacer; ésta vez, por más que esperé una hora y más, el coche no arrancó, me bajé para ver que nadie pasaba a esa hora de la noche y en pleno desierto, los camiones iban tan rápido que no podían verme, eso creo yo, aumentándole que era una zona insegura y nadie se arriesgaría a ayudar a un extraño. Ahí estaba yo, a mitad de la nada pensando en lo que me podía pasar: un coyote podría venir a molestarme y convertirme en su presa o antes podría llegar otro tipo de coyote pero a asaltarme, cualquiera de las dos opciones eran malas y mejor opte por subirme al auto cerrando todas las puertas para esperar la mañana, todo sería más fácil con la luz del día, incluso si alguien se parará para ayudarme, así que lo hice, y a pesar del frío logré quedarme dormido...

Una hora después, o al menos eso fue lo que yo calculé, alguien tocó a mi ventana. Un policía que pasaba por esa zona se paró para preguntarme si todo estaba bien.

Le platiqué lo que pasó, yo creía que seguramente era la bomba de la gasolina el problema, o que los inyectores estaban tapados. No soy mecánico pero he aprendido un poco de ello porque me gusta saber lo que le hacen a mis autos cuando los llevo al taller; en fin, el policía me ofreció su ayuda, pero al final me dijo que lo único que podía hacer era pedir una grúa que me llevara hasta Nuevo Laredo que era la ciudad más cercana antes de cruzar la frontera, así que acepté su oferta. De nuevo la espera, tardó como una hora en llegar y el frío era cada vez más intenso, sólo podía pensar en ¿Por qué a mi? De nuevo esa pregunta, esa sombra que nos sigue.

Finalmente llegó la grúa, eran ya como las cuatro de la mañana y como dijo el policía, solo me podía llevar hasta Nuevo Laredo y no podía cruzar la frontera. En el camino el chofer de la grúa me pregunto sobre lo que haría después y hacia donde iría, pero ¿Qué podía hacer yo en un lugar que no conozco y sin dinero en efectivo? Me dediqué a sólo preguntarle si conocía algún taller que abriera temprano en domingo, me dijo que no, pero tenía un amigo que era buen mecánico y podría ayudarme pero tendríamos que ir hasta su casa, así que teníamos que esperar de nuevo a que avanzara más el día, no podíamos tocar su puerta solo así ni llamarle a las 4 de la madrugada, él chofer me llevaría a la estación de grúas en donde descansaríamos un poco para poder después dirigir nuestro camino por la mañana, de nuevo en el auto con la baja temperatura, busque ropa que me pudiera ayudar pero nada era lo suficientemente caliente para disminuir el frío que no cedía, parecía que todo estaba poniendo a prueba mi paciencia, sin saber lo que aún me esperaba.

Ya entrada la mañana el chofer de la grúa me despertó:
– Le hable a mi amigo y no hay ningún problema, es buena hora para llegar a su casa, así que ¡vamos!

Antes de dirigirnos, tuve que confiar en el chofer para que me acompañara a sacar dinero del cajero automático para pagarle, dándole mi tarjeta, mi clave y mi confianza, pues no tenía más opción. Ya en casa de su amigo, el chofer de la grúa se fue, pues tenía trabajo que hacer, ahí solo, me percate de que el lugar al que habíamos llegado era muy humilde, la zona se notaba un poco insegura, pero no tenía más remedio que confiar y quedarme a recibir ayuda, me encontraba incomodo y necesitaba usar el sanitario, le pedí al señor de la casa que me dejara entrar, observando que no sólo el lugar era muy humilde sino que la familia que vivía ahí era numerosa, había como cinco niños pequeños, entre ellos un recién nacido, el mayor no pasaba los 8 años de edad y la señora de la casa, todos me veían, y aunque trataban de evitarlo, era notoria su sorpresa, salí y di las gracias; regresé a mi coche para encontrarme con la noticia de que mis sospechas eran verdad, la bomba de la gasolina estaba descompuesta y habría que cambiarla…

-Tendremos que desmontar el tanque de la gasolina para poder sacar la bomba y reponerla por una nueva, dijo el señor.
- Adelante, cámbiela.
-Si, pero tendré que cerciorarme de que ese sea el único problema y que no haya otra cosa que esté causando la falla.
-¿Cuánto tiempo se tomará para hacer eso? Le pregunté.
- De dos a 3 horas.

Efectivamente, después de dos horas y media el resultado fue que no funcionaba la bomba y habría que comprar una nueva, desafortunadamente no la tenían en México, mi auto era americano y casi del año, por eso era solo posible conseguirla en una agencia y como los domingos no abren, habría que esperar un día más

– Déjame intentar algunas cosas para que funcione, no prometo nada pero haré el intento para que funcione el resto del trayecto, me dijo.

Yo estaba preocupado porque no sabia como solucionar el problema, además de que ya quería llegar a mi casa y accedí al intento que ofrecía, no tenia nada que perder.

Después de sacar la bomba del tanque, la vio y me dijo que no le veía arreglo y me pidió permiso para darle unos golpes con el martillo y ver si lograba que funcionara, pensé que era una solución arcaica pero como dije, ya no tenía nada que perder y dejé que lo intentara…

-¡El auto encendió! no lo podía creer, sólo pude pensar en que Dios estaba conmigo, me estaba ayudando; le di las gracias al señor de la casa por ayudarme y nuevamente tuve que confiar en un extraño para ir al cajero automático, sacar dinero y poder pagarle lo que el me pidió. Seguí mi camino, con el riesgo claro, de que se descompusiera de nuevo, pero no importó, solo quería cruzar la frontera donde me sentiría más confiado de que podía arreglar el auto con más facilidad.

No olvido mencionar que mi teléfono celular en ese entonces no funcionaba en México, por eso no pude hacer llamadas antes. Ya del otro lado de la frontera, el auto volvió a fallar, pero esta vez la historia fue diferente, llamé al servicio de emergencia, siendo del lado americano, mi preocupación ya no era tanta. Mandaron una grúa y de nuevo pedí al chofer que me llevara al taller más cercano abierto en domingo, lo hizo.

Deje mi auto ahí, después de explicarle al dueño del taller lo que tenía, regresé a Houston en autobús dejando que ellos me avisarían cuando el auto estuviera listo para recogerlo. En el camino a casa hice una llamada a las personas a quienes les había hecho el favor de llevar las medicinas para que pasaran por mí a la estación de autobuses, de nuevo un camino, mis pensamientos estaban dispersos, tenía tanto en mi cabeza y la misma pregunta venía a mi ....
¿Por qué pasan las cosas? Pero estaba tan cansado que solo quería dormir y lo hice.

A veces las circunstancias que se nos presentan las miramos como montañas enormes que nos cuesta trabajo subir, como si lleváramos piedras que nos hacen dura la subida, las únicas piedras están en nuestra cabeza y nos hacen dudar de nuestra capacidad para poder superar la situación, si perdemos el enfoque en el ¿Por qué? Esa sombra que nos sigue, jamás podremos llegar.

Por fin llegué a casa, mis amigos se sentían apenados, obviamente no los culpe de nada –esas cosas pasan, no tienen la culpa, las cosas materiales se descomponen y tarde o temprano eso pasaría, todo tiene su momento y este era el suyo- les dije. Ellos me contaron que habían hablado con su mamá recordándome lo lindo y lo valioso del viaje, me agradecieron todo lo que hice, desde llevar las medicinas hasta lo que la familia creía que había hecho por la señora con mi presencia, yo, por mi parte hice lo mismo por haber tenido la oportunidad de conocerlos, les agradecí, sin embargo, yo no podía dejar de pensar en lo que ahora iba a pasar sin un coche con el que me pudiera transportar.

En esa época vivía solo, tenía un automóvil y ahora estaba descompuesto, tendría que estar así por una semana, tuve que pedir el favor de que me llevaran a donde necesitaba ir, favores que me daba pena pedir pues sabía que todos tenían cosas que hacer. Era un tiempo difícil para mí, acababa de divorciarme, mis negocios no podían pararse así nada más; esa semana fue eterna, sin poder salir cuantas veces lo necesitara, pero también fue una semana en la que descubrí que había personas, a las que aún agradezco con el corazón, que me ayudaron en todo, me llevaban comida y lo que necesitaba, pero mi independencia estaba un poco truncada en ese momento sin mi automóvil.

-¡Por fin me llamaron para ir a recogerlo! Tenia que ir por él al pequeño pueblo que estaba cerca de Laredo, así que tome un autobús para allá, el camino iba a ser largo y yo ya estaba en una condición más tranquila, tomé mi asiento detrás del chofer y tuve la suerte de que una joven se sentara a un lado de mío, decidí hacerle la plática procurando qué el camino no se nos hiciera tan largo, eran cuatro horas que no quería se me hicieran pesadas. La cara de la joven mostraba un poco de preocupación, parecía tener algo en su vida que no iba bien, traté de darle la confianza para que platicara pero noté que ella no mostraba mucho interés y desistí.

Fue entonces cuando con el chofer hice más conversación, le platiqué un poco de mi vida y de como había llegado a hacer ese largo viaje, platicamos de todo un poco y se convirtió en algo muy ameno, historias de mis viajes por todo Estados Unidos, lo que hago, en fin, risas, anécdotas de mi vida y también las anécdotas del señor fueron lo que hicieron mi trayecto más amigable. Todo el tiempo pensé que la chica que estaba a mi lado no nos prestaba atención; tres horas después en una de las paradas, ella se tenía que bajar y al momento de despedirme le di mi tarjeta por si quería contactarme tal vez solo para platicar, ella sólo dijo que yo era muy amable, yo solo pensé en que parecía que de verdad necesitaba ser escuchada, pues sus ojos no ocultaban su tristeza y preocupación, todo indicaba que algo había que la atormentaba. Hubo cambio de chofer en esa parada y éste no era tan platicador como el anterior, así que me quede dormido por esa hora que faltaba para llegar a mi destino.

Me habían dicho que el coche estaba listo pero en realidad no quedó 100% bien pues la aguja de la gasolina no marcaba nada y no podía ver que tan lleno estaba el tanque, en fin, otro problema más para preguntarme ¿Por qué? pero mi cansancio por ese asunto me hizo tomar la decisión de regresarme a mi casa y solucionar eso después.

Una semana más tarde, para mi sorpresa, recibí un e-mail de la chica que estaba sentada junto a mí en el autobús, me contaba su historia, una historia conmovedora, que me dejó impactado.

En la carta explicaba el por qué estaba en ese autobús. Venía desde Nueva York, había ido a ver a su ex pareja, quien recientemente la había abandonado con una hija, él estaba allá porque le ofrecieron un trabajo en el que ganaría más dinero, mientras ella estudiaba el se adelanto para planear la vida de ambos de modo que se acomodasen y no llegará ella y su hija sin un lugar apropiado para vivir, así que decidieron separarse por un tiempo, él conseguiría una casa y ella terminaría su semestre para de nuevo estar juntos, nada indicaba un cambio de planes hasta que: Un día recibió una llamada que hizo que fuera a ver con sus propios ojos lo que no podía creer, para ver que es lo había pasado. Él, cobardemente por teléfono le decía que estaba con alguien más, que quería una vida diferente y ella ya no estaba en sus nuevos planes.

Cuando nos encontramos ella y yo, sus pensamientos no solo rodeaban esa situación, sino que iba más allá de lo que me hubiera podido siquiera imaginar.

Su vida, creía ella, había terminado, no encontraba una razón para vivir, pensaba que su mundo estaba totalmente hundido, su mente se había cerrado y sólo veía lo que ya no tenía, además de creer que jamás podría volver a tenerlo, una vida feliz y con una familia, sin ver lo que ahora podía hacer, sin ver que a su hija le esperaba una vida que podía ser la de una personita feliz o todo lo contrario, su decisión la afectaría a ella y a su familia, pero no lo podía ver. Hasta tenía ya un plan para dejar a su hija con su abuela para que ella la criara, dejar los papeles listos para que no tuviera problemas e irse, huir de lo que pensaba que era una vida sin esperanzas. Ya sabía hasta la manera en la que se quitaría la vida.

Aquel día en que nos conocimos en el autobús yo sólo me comporté como la persona que siempre he sido, vivo simplemente lo que me hace feliz, platico de ello con los demás, lo comparto y creo que fue eso precisamente lo que a la chica le hizo reflexionar. Ella no sólo escuchaba con atención mis historias de vida, había sentido mi actitud, había visto mi sonrisa sincera. El hecho de que viviera y viajara solo, de que mantuviera mi propia economía, que todo lo realizara por mí mismo, la experiencia que tuve y conté al chofer para haber llegado hasta ese autobús, despertó en ella un nuevo ánimo.

-¿Cómo era que ella teniendo sus piernas completas, dos brazos para hacer todo lo que quisiera, desplazarse libremente, trabajar, abrazar a su hija con su cuerpo y corazón, iba a darse por vencida?

Me escribió que cada historia que yo contaba era como una luz que llegaba a su alma y le traía de vuelta a su hija, comentaba también cómo sintió que su vida no podía terminar ahí, sino que podía ser el inicio de algo nuevo: un camino más cálido y sincero. La esperanza volvía y no se daría por vencida, tenía todo para salir adelante y estoy seguro que aún ésta ahí, teniéndolo todo y disfrutando de su hija. De alguna manera, el conocerme la había llenado de una renovada esperanza y me dio las gracias por salvarle la vida.

Imagina una carta así, te mueve todos tus sentimientos y también sientes tu propia fe y esperanza renovadas, todo ha valido la pena. Terminé de leer su carta y mi mente tuvo un giro, yo también vi las cosas de manera diferente. Cuando se descompuso el auto, yo había llegado a cierta frustración y en varios momentos llegué a preguntarme ¿por qué? Pero cuando llegamos a ese punto, cuando nos preguntamos ¿por qué?, muchas veces perdemos el significado de los momentos que la vida nos da. No me daba cuenta que lo que la vida nos da a cada momento es un regalo, una esperanza, una luz. Cada persona que conocí durante ese viaje había marcado mi vida y de igual manera me decían que yo era alguien especial y los había marcado a ellos, en verdad la energía fluía de ambos lados, una energía pura con deseo de fe y esperanza que es encontrada y nos renueva de alguna manera, un respiro dentro de toda la monotonía que a veces termina por agobiarnos tanto que perdemos la belleza de la cosas ¡que bello todo eso que aprendí y escuche de todas las personas con las que me cruce!

El día en que recibí el correo de esa chica, mis ojos y mi mente se abrieron para tener por fin una respuesta a ese ¿por qué? que muchas veces se queda vacío, es decir, sin una respuesta real que solamente nos deja una sensación inexplicable por la nube que nos cubre la mente sin dejarnos ver más allá. El motivo de todas esas experiencias, que pensé eran frustrantes, se presento frente a mí de otra manera, de una forma positiva.

Cada una de las personas que conocí me atrajo una experiencia en todo momento única para cada uno.

Desde ofrecerme para llevar las medicinas a la familia de mis amigos, la familia que me recibió con el corazón abierto en México, su hospitalidad, las pláticas que tuvimos, el policía que me auxilió en la carretera, el conductor de la grúa que me ayudó más allá de su responsabilidad, quien se mostró sorprendido por la tranquilidad que transmitía a pesar de haberme recogido a mitad de la carretera y sabiendo las peripecias de mi viaje. El mecánico que hizo todo lo posible para que el coche funcionara y pudiera seguir mi viaje, los amigos que me ayudaron mientras arreglaban mi auto; después, el viaje nuevamente para ir a recoger mi automóvil, el chofer y la plática tan amena, llena de humor que creo ambos disfrutamos, él escuchando mis historias y yo las suyas, y la chica que escuchó cada cosa que dijimos y cómo eso le dio una nueva perspectiva y esperanza de vivir.

Todo este panorama que se presentaba de un solo golpe ante mí me decía algo más, era la respuesta a ese ¿por qué? que me hice una y otra vez en los momentos difíciles. Todo estaba alineado de tal manera para el bien de todos, parecía haber sido trazado, paso a paso, para que así sucediera. Así pasa a todos en la vida y si dejamos que las cosas fluyan, si vemos el punto positivo y dejamos de enfocarnos solo en lo negativo, si buscamos el punto exacto en el corazón de las cosas para que la vida siga su curso, momento a momento y positivamente, veremos que todo es como un plan perfecto de Dios, rodeado de bien.

Encontrar esa respuesta siempre positiva a esos ¿por qué? no digo que sea fácil, pero si es posible. En todo caso, siempre podemos levantar la cabeza y tratar de solucionar la situación lo mejor que podamos. Algo bueno vendrá con ello, tal vez no al momento, pero puede que se presente con el tiempo, si no te das la oportunidad de verlo así, entonces puede que estés desperdiciando tu tiempo en cada experiencia y la enseñanza con la que todas vienen.

Vamos a hacerlo, camina con una sonrisa sincera, piensa en todo lo bueno que has tenido hasta ahora, es tanto que no terminarías de sonreír nunca si así lo quisieras. En todo lo positivo que te rodea encontrarás la fuerza para superar cualquier obstáculo que se te presente.

Cuando estés en una situación así, piensa bien las cosas, date la oportunidad de abrir tu mente, mira que todos tenemos una historia de vida y hay momentos difíciles por los que todos pasamos, pero una sonrisa puede cambiar una actitud, no solo la tuya sino la de los que te rodean, nunca sabes quien te esta mirando.

Es parte del éxito emocional del que soy parte, mira de manera diferente el momento, a las personas y observa que cada cosa que sigues con tu alma y corazón siempre te llevaran a algo mejor si tu lo permites.

Nunca sabes quien te esta mirando

Como esa carta de la chica del autobús, he recibido muchas más de diferentes personas que me expresan cosas lindas, hay veces que recuerdo quien fue y en que momento nos cruzamos, pero no siempre es así, aunque me gustaría recordarlas a todas. Cuando leo esas cartas para mí es suficiente saber que fueron tocadas en el corazón, para sentir que voy bien, que el camino va bien y me ayuda incluso a llenar mi espíritu positivamente con nuevas experiencias que me dejan un aprendizaje que, claro, aplico día a día y me hacen vivir y ver la vida de una manera diferente.

Todos somos capaces de esa acción y reacción en nuestras vidas.

Recuerdo otra carta. En vísperas de Navidad cuando iba en mi regreso de México para Houston, cuando todos quieren llegar a casa, justo en el cruce de la frontera, había una enorme fila de automóviles, todos en espera para pasar a Estados Unidos, sabía que tardaríamos por lo menos dos horas en cruzar. La gente estaba desesperada y no era para menos, el avance era muy lento. Durante la espera ves comerciantes ofreciendo cantidad de cosas, muchos de ellos son niños que se te acercan para que les compres algo o te piden dinero; yo, que he hecho ese trayecto muchas veces, ya tenía una rutina para esa parte del camino: a mí me gusta platicar con los niños y ellos, por su curiosidad natural, me hacen muchas preguntas. Normalmente les hablo de la importancia de la educación, les digo que pueden leer un libro y conocer más cosas que los llevarán lejos en el pensamiento, también juego con ellos haciéndoles preguntas educativas y cuando responden correctamente les doy un premio, un incentivo para que estudien lo más que puedan en la escuela o en donde puedan, aprovechando cada oportunidad para aprender.

De pronto, un señor en una camioneta que venia detrás de mi, muy molesto porque pensaba que yo no avanzaba por estar distraído con los niños y otros autos se cruzaban enfrente de mi, tocaba el claxon una y otra vez, yo no le tomé mayor importancia a ese asunto, pues los autos no avanzaban tanto como para decir que estaba estorbando el paso.

Días después recibí este e-mail del que te hablo y quiero compartirte también:

Una niña, hija de aquel señor enojado que estaba desesperado por llegar a casa, me decía que aunque ella no me vio, su padre, dentro de su molestia por mi lento avance había bajado del auto para ir a reclamarme y decirme unas cuantas cosas que no eran del todo bonitas. En realidad estaba enojado, más que conmigo, por algo de lo que no tenía el control, eso era claro, fue cuando uno de los vendedores ambulantes, al ver lo que iba a hacer el señor le pidió que parara y se pusiera a pensar un poco en lo que iba a hacer y a quien, le pidió que no me reclamara, que tomara un respiro y se acercara para que viera con sus ojos lo que estaba por hacer y si realmente valía la pena, ya que realmente yo no estaba estorbando el paso y además estaba jugando, aprovechando el tiempo, con los niños, le pidió que viera quien iba al volante.

De ti y de nadie más depende el ver los momentos difíciles como una oportunidad de crecer, de ver mas allá, de obtener enseñanza, puedes hacer eso o simplemente dejarte absorber por las dificultades que se te presentan sin darte cuenta lo bien que estás.

Puedes limitarte a ti mismo, sin ver que tú puedes ser una luz para los demás, algo como un alimento, un ser que invita a los demás a seguir, en ti está todo eso, date cuenta y verás la felicidad y el éxito que con ello te espera.

Nunca sabes quien te esta mirando tomando de ti un ejemplo de vida en todos los aspectos, cuando vas por la calle sonriendo naturalmente porque simplemente deseas hacerlo sabiendo que tienes muchas razones para no borrar ese gesto de tu cara, cuando abrazas a alguien con mucho cariño, ya sea un amigo, tu mamá, tu hermano, y transmites ese calor del corazón, cuando cedes el asiento a alguien que lo necesita, cuando cedes el paso cuando vas manejando, cuando vas tranquilo y con paz, aún cuando hay factores que indican que debes ir de manera contraria, cuando ves a alguien tirar una basura en la calle y tu sin más te acercas a recogerla, sin pretensión, sin habladurías, simplemente actuando con una energía tranquila e hirviendo en lo positivo.

Date cuenta y comienza el cambio.

Ser un líder

Me han preguntado mucho quién es un líder para mí, ¿Qué tiene un líder? ¿Cuáles son sus características? ¿Qué se necesita para llegar a ser un líder?

Me han dicho que yo como ser humano soy un líder pero ¿que pasa con esto?

He tenido la gran oportunidad de acercarme a alumnos y padres de familia en escuelas a través de mis conferencias, es muy común enterarme de la preocupación de los padres de familia por el problema de las pandillas y la infinidad de caminos equivocados que pueden tomar sus hijos con esto, lejos de tener un límite, parece que la problemática va en aumento.

Para mí, la falta de buenos líderes es una de las respuestas a esos problemas. Líder no es aquel que trata de iluminar un camino, o el que le dice a la gente lo qué debe hacer y cómo debe hacerlo. Un líder no es quien tiene o trata de tener el control, sino aquel que es capaz de ser un ejemplo para los demás a través de su persona.

Recuerdo aquel programa que tal vez muchos aún tengan en mente y si eres muy joven probablemente lo escuchaste comentar por algún familiar más grande que tú, el Tío Gamboín. Él platicaba con los niños acerca de diferentes temas, hablaba sobre la vida y terminaba sus programas con un buen consejo, muchos de ellos se me quedaron muy grabados en mente, pero recuerdo este que me parece ideal para el momento: "aprender a dar honor al rey y a la reina de la casa, mamá y papá, ellos eran el pilar de la casa, líderes de los cuales seguimos el ejemplo pues son quienes día a día nos mantienen arriba, portarse bien siempre era ser un ejemplo y un camino para ser buenos príncipes y buenas princesas".

Hoy en día las generaciones han cambiado tanto, el honor a los padres ya no es el mismo, pareciera que ya no existe una posición en casa, no hay un líder a quien seguir, ¿En donde quedo el ejemplo que puede tener como inicio un niño? Los papás son los que están con nosotros desde pequeños, nos dan su ejemplo con la experiencia que ellos han tenido, deseando transmitir lo mejor para mejorar un poco el camino. Desafortunadamente muchos padres hoy parece que desviaron un poco el camino y transmiten esa inseguridad en casa. No existe un líder que dé confianza.

No importa incluso si los padres están separados, ellos son la base de la educación de un niño, todo lo absorben, todo lo copian y si dejáramos atrás nuestros problemas para mostrarles que nada tienen que ver que no sean cosas positivas, que su única ocupación en mente debe ser jugar o pensar a que jugarán después. Mostrarles desde pequeños la actitud positiva.

Un padre, una madre, es en donde un hijo encuentra la confianza y seguridad. Y aunque lo ideal seria que lo encontraras desde pequeño en casa, cuando creces, si sientes que no encuentras cerca de ti a un líder, voltea y mira a tu alrededor...

Verás, los líderes existen en todos lados, tu vas por la vida encontrándote con varios de ellos en tu camino, solo es que mires bien a tu alrededor e incluso puedes llegar a darte cuenta que tu lo eres o lo puedes llegar a ser. Inspirar, ser un ejemplo de vida, tenacidad, pasión, en todos los ámbitos de tu vida, con humildad, calidad humana, incluso transmitir sentimientos, el líder muchas veces nos hace ver que las cosas no están tan mal, que vamos bien, el camino no acaba, sigue.

Un líder muestra eso de lo que ya hemos hablado, energía positiva y lo demuestra en cada actividad de su vida, convencido de que cualquier cosa que deseen lo pueden lograr, hay confianza. Hay que tener cuidado, un líder no es aquel que muestra a todos lo que tiene o se jacta de que tiene mucho, pero un buen líder tampoco muestra lo que le falta, te explico: Un líder sabe aprovechar lo que tiene, sobre todo lo vive, no presume ni existe pretensión, falsas posturas que no sirven de nada más que para rodearse de gente que no es sincera. Un líder busca la felicidad de manera positiva y encuentra que a su alrededor ya hay personas que buscan eso también, es cuando se da cuenta de lo que puede hacer y siempre y cuando siga actuando de la mejor manera seguirá atrayendo personas positivas y acciones con la misma carga de energía.

También hay quienes tienen tanto pero no lo saben manejar, hay que saber hacer esto; de pronto existen los escapes de energía, se les va de las manos las situaciones, más que un escape lo llamaremos "fuga de energía" que nos puede cegar demasiado afectando primero a nosotros mismo repercutiendo en nuestro entorno. No digo que el líder debe ser perfecto, no, pero parte de llegar a ser un buen líder es aceptar los errores y sobre todo corregirlos.

Un ejemplo claro de fuga de energía, un desgaste emocional y físico por el que todos hemos pasado son las discusiones que muchas veces llegamos a tener sin sentido. Discutir es un vicio que muchos tenemos y se nos puede salir de las manos, energía erróneamente canalizada y desperdiciada.

Nunca le he encontrado el sentido a discutir sin realmente haber algo que valga la pena; hay veces que desquitamos nuestra energía de esa manera, unas cosas salen mal en algún momento del día pero lo desquitamos en casa o con una persona que nada tuvo que ver... que mal suena eso.

Otro tipo de fuga es cuando una persona trata de controlar a la gente diciéndoles lo que ellos quieren y como lo quieren, un buen líder sabe que eso es una perdida de tiempo y energía, tratar de manipular a la gente. Hay gente que quiere personas a su lado, con el miedo de quedarse solo, tratan de manipular a las personas para lograr esto; un buen líder camina sin voltear a ver quien lo esta siguiendo, no te preocupes por quien te esta siguiendo o te deja de seguir, simplemente camina por esa senda, mirando el punto al que quieres llegar, con la seguridad de saber hacia donde tienes que marchar.

A veces las personas crean un circo para rodearse de gente, para creer que no están solos, incluso llegando hasta la mentira o el engaño. Un buen líder simplemente va, sabiendo que esta logrando sus metas, de pronto en un punto se da cuenta de que esta rodeado ya de gente valiosa que estuvo a lo largo de su viaje y siempre estará, solo por ser así, una persona con una actitud positiva, apasionada, humilde, soñador, realizador de sueños, amigable.

El o ella, el buen líder, no se siente solo, por que el simple hecho de actuar positivamente hace que se rodee de buena vibra, buenas personas y gente que mira igual que ellos, de manera positiva, esa gente es la que vale la pena, no la que puso una piedra en el camino y trata de truncarnos con actos y palabras, distracciones que no valen nuestra energía. Date la oportunidad de seguir viendo lo feliz que eres y que el camino nunca acaba, a menos que tú así lo quieras ver, ve mejor lo que aún te falta por realizar. Siempre con una sonrisa camina hacia el punto en el que logras tu éxito, porque eso es lo que te hace feliz, saber que no estas sentado viendo la vida pasar sino que estas caminando por un sendero exitoso y que mejor que hacerlo así, con una buena actitud, en verdad te digo no hay nada de malo en ello, sonreír siempre y sentirte bien porque sabes que vas bien es algo que muchos pueden envidiar, pero jamás dejes que te lo quiten, una vez que lo hiciste algo muy tuyo, abrázalo y no dejes que alguien o algo esconda cada sonrisa que tienes para mostrar al mundo con el corazón.

Tu puedes ser un imán y un esparcidor de energía, que mejor que sea la que trae paz a tu corazón… al tuyo y al de los demás.

Existe mucho que puede frenarnos, puedo mencionarte muchas más experiencias de la vida diaria que nos pueden detener. Te repito, las fugas, son distracciones que evitan llegar a nuestras metas, nos desvían de nuestro propósito y si no tenemos cuidado nos puede jalar sin siquiera llegar a pelear por lo que realmente somos. Los chismes, los malos entendidos creados por gente conflictiva y muchas más cosas o actitudes que seguramente te vienen a la mente, son cosas que debes desechar.

Ser un líder requiere de mucha fuerza de energía pero bien canalizada enfocada a lo que queremos, que es lo mejor. Hemos escuchado de gente que cae en el camino, los artistas, esas personas que son públicas, sabemos que caen a pesar de tener lo que puede ser todo para nosotros, pero algo pasa y no pueden seguir de pie sin las drogas, el alcohol y una vida llena de vicios. Tienen tanta energía desviada a un camino que ya no es el correcto porque no supieron manejarla debido a una fuga de energía, se estancaron, llegaron al punto al que no pueden ver mas allá, siempre, no lo olvides, hay algo más porque seguir luchando, como te dije al principio, la vida no se mantiene estática. Equilibrar la vida a un punto en el que la paz interior forme parte de ti.

No dejes que los problemas mal alimenten tu energía, mejor aliméntate con cosas positivas. Se requiere demasiada energía para lograr tus metas y mantenerte enfocado a lo que quieres ser. Piensa que cada vez que desperdicias un poco de tu energía en cosas que no valen la pena le estas poniendo una piedra a tu camino, puede que te estés frenando a ver cosas maravillosas que la vida tiene para ti.

No te des por vencido ante las fugas, a todos nos pueden llegar a pasar, la diferencia es que tu no te dejes caer, mira un amanecer, respira profundo, tomate un tiempo y recupera lo que tu alma necesita, toda la belleza que piensas que te hace falta esta en ti, solo mira en donde estas y piensa en tu camino.

Yo, en mi vida siempre trato de seguir esa filosofía.

Un líder tiene la capacidad de trabajar en su interior. Iras conociendo más aspectos que forman parte de un líder, pero más que nada, de una persona que se ama a si misma, que se valora, que esta en armonía y que sabe trabajar en su interior positivamente, que refleja felicidad en su vida diaria.

El valor de tu ser.

Comencemos entonces a conocernos un poco más, para esto tocare varios puntos que son de mucha importancia para iniciar con esto de lo que tanto hemos hablado, un pensamiento positivo que nos lleve a la felicidad. Para todo hay un comienzo y primero que nada debes valorarte a ti mismo, saber que todo lo que vives a diario ha puesto algo en ti, saber y reconocer que como seres humanos todos somos iguales, no importa absolutamente nada, todos venimos del mismo lugar, todos pertenecemos a la misma raza sin importar creencia, color, estado económico, sin importar absolutamente nada...

Suelo hacer la siguiente dinámica con las personas para explicar este punto:
Primero quiero hacerte la siguiente pregunta - ¿Cómo crees tu que se comienza a valorar la gente? ¿Quién les da ese valor? Serán los padres o la sociedad en la que se encuentran las personas, puede ser acaso que el valor de una persona sea determinado por su forma de vestir, si trae un traje de marca o no, o por el lugar en donde vive o vivió, el coche que trae... ¿Qué es lo que le da valor a tu vida que hace que te valores a ti mismo?

Antes que nada quiero decirte que el valor lo determinas tú y solo tú, nadie más. Esto es algo que hemos escuchado en varias ocasiones y aunque lo escuchamos trillado, son esas palabras y el hacerlas propias y parte de nuestro ser lo que nos hace falta. El valor de tu persona, de tu felicidad, de tu sonrisa, de tu alma, lo determinas tu, nada tiene que ver lo económico, la casa en donde vives, la forma en la que vistes, si te bañaste o no, el valor de una persona lo determina algo que va más allá de todo eso y es lo que en principio se va a reflejar a los demás, y es lo que quisiera comprendas para poder iniciar un trabajo de confianza en ti mismo.

Desafortunadamente esto es una realidad, la forma en la que nos valoramos no la elegimos nosotros, es decir: naciste en un barrio de escasos recursos en el que tú no elegiste nacer, naciste en un lugar lleno de lujos al que no elegiste llegar, estas en una ciudad en la que no elegiste vivir, tu valor, por lo tanto, no debe estar atado a algo que tu no decidiste en primera instancia.

Aquí viene la dinámica que te comente hace un momento: Quiero que tomes un billete de $50 pesos.

Imagina que estamos tú y yo juntos y que yo te estoy ofreciendo el billete, ¿Los tomarías? No hay una razón en específico para que lo tomes, inventa una si quieres, solo quiero dártelos. Piensa que con ese billete de $50 puedes comprarte unas dos que tres cositas o puedes completar tu dinero para algo que ya tenias planeado comprarte, no te estoy pidiendo nada a cambio, te lo doy por tu cumpleaños, porque es día de San Valentín, por la razón que tu quieras y de nuevo te pregunto ¿Los tomarías? – la respuesta es si, tal vez te insistí, tal vez tardaste en tomarlos pero al final los agarraste y lo tienes en tus manos pero ¿Por qué los tomaste? – Porque simplemente reconoces que esos cincuenta pesos tienen un valor, porque sabes que con esos cincuenta pesos puedes ir a comprarte algo, podrías ir a comprarte algo material, algo que una persona le asigno un valor, es decir:

Al igual que al billete de cincuenta alguien le asigno ese valor a ese pedazo de papel decidiendo que eso iba a valer, así, de esta manera alguien le asigno un valor a todo lo demás. Veras…

¿Qué pasa si tomo ese billete, lo arrugo, lo hago bolita y te doy así? ¿Lo tomarías de nuevo? – la respuesta es si, porque ese billete tiene exactamente el mismo valor que el que te di en un principio ¿o no? Ahora, ¿Que pasa si lo que te doy es un billete con el mismo valor pero lo mojo, lo embarro al lodo, lo piso y te lo doy? – el billete sigue valiendo exactamente lo mismo y por esto que tomarías de nuevo, no hay nada en el que baje su valor, incluso si estuviera roto, el billete sigue valiendo exactamente $50 pesos.

¿Por qué si esto pasa con un billete, con un pedazo de papel, por qué no puede pasar lo mismo con una persona?

Las personas no tienen las mismas características, algunas, por así decirlo, están rotas, tal vez no pudieron bañarse ayer, tal vez no tienen la misma economía que tu llevas porque nacieron en otro ambiente en el que les ha costado más trabajo salir adelante, tal vez no se fijan que se ponen para vestir porque piensan que eso no es tan importante, tal vez no tienen para comprarse un traje como el que llevas al trabajo, o una falda para combinar con una blusa, un pantalón a la moda o miran tu comida porque no han podido comer bien por darle a sus hijos, aún así. Si miras bien a todas esas personas que en esos aspectos son diferentes pero tienen una característica en común que los une y es que son seres humanos como tu y que no eligieron el lugar en donde nacieron, te darías cuenta de que somos todos iguales, pero alguien asigno un valor a todo eso, un valor muchas veces despectivo y dijo que incluso las personas debían tener un valor por todo esto que ya te comente. Como te dije, nosotros no escogimos en donde nacer, no sabemos lo que los demás han pasado, no sabemos por qué están como están, qué le hizo caer en la situación en la que nosotros los encontramos, pero nada nos dice que su sonrisa no es sincera y que tienen un gran corazón, nada nos dice que están luchando por salir delante, nada nos dice su historia.

Puede parecerte un poco extraña la analogía, pero así es, no hay más... El billete de cincuenta es algo que alguien asigno como eso, el ni siquiera sabe lo que vale, pero todos de alguna manera lo quieren o lo voltean a ver porque todos aceptan su valor por el simple hecho de ser un billete y cuando te lo ofrecen siempre estarás con la idea de tomarlo abriendo la mano. El billete es algo que no puede discernir o exclamar, así que ¿Por qué nosotros, como seres humanos pensantes, tenemos que dejar que alguien o algo en nuestras vidas designe nuestro valor como personas? ¿Por qué no podemos nosotros mismos darnos el valor que nos merecemos? ¿Por qué nosotros como personas no podemos valorar a nuestro semejante porque ambos somos seres humanos y tenemos ese valor ante todo?– yo creo que todos, absolutamente todos valemos mucho.

Es algo muy difícil para mí el ver a alguien y tratarlo o tratarla mal de buenas a primeras o solo porque no me gusta su mirada o porque no usa un traje de marca como el mío o al contrario, porque usa un traje de marca y el mío no lo es. En todas las maneras en la que se puede ver mal a una persona me parece algo muy difícil de hacer simplemente porque realmente no pienso que alguien es más o menos que yo en esencia. Como seres humanos somos iguales y nos debemos amar como semejantes.

Yo por lo menos no miro diferente a una persona que esta en la calle y que trae su pantalón roto o su camisa rota, ni porque es una persona que se ve que trabaja en el sol porque tiene que salir adelante y esa es la manera que encontró para hacerlo y poder comer día a día, esa es la manera en la que pudo ganar un poco de dinero aun cuando esto le provoque quemaduras en su cara o que sus manos estén maltratadas porque no tiene para comprar una crema que se las proteja o unos simples guantes, yo no miro mal a una persona que no tiene en donde vivir y que hace hasta lo imposible para sobrevivir día a día aunque sea vendiendo unos dulces, mejor eso a robar u otra cosa; no trato a la gente diferente ni porque tiene gustos diferentes a los míos, porque trae su cabello azul, esta lleno de tatuajes, tiene una preferencia sexual diferente, porque nada de esto tiene que ver con lo que somos en esencia. Lo que nos da valor a nosotros mismos es cuando nos queremos nosotros mismos primero, cuando tomamos una actitud diferente y tal vez con empatía hacia los demás, ese es el valor que nos debe importar.

El valor de todos los seres humanos es el mismo.
Yo, en la búsqueda de la felicidad primero busco mi valor ¿Qué es lo que valgo? Esa pregunta es para uno mismo, para mi interior, para tu interior, para que tu encuentres la respuesta, nadie más te la puede decir, nadie más te la puede hacer sentir más que tu.

Así, como te conté las historias anteriores, tuve que valorar lo que soy para responder esos ¿Por qué? tuve que valorarme a mi mismo para decir que es porque yo como persona valgo mucho, no solo en esos momentos, sino siempre. Tú como persona vales mucho, pero yo te lo puedo decir muchas veces y repetírtelo sin que cause un verdadero efecto en ti si no haces algo en tu interior más fuerte. Por ejemplo, el querer escuchar a los que te lo dicen por una razón muy fuerte que ven en tu ser algo muy lindo, el analizarte y ver que hay más aparte de los que te dicen cosas para frenarte, el creer que hay más porque eres tu, son actos indispensables para ser mejores en nuestro interior.

Veremos en los siguientes capítulos algo más profundo acerca de esto. Mientras tanto así es como comenzamos a trabajar ese interior para comenzar a ser más positivos sobre nosotros mismo y sobre los demás, haciendo esto parte de la búsqueda de la felicidad plena. Te puedo decir que los mensajes que te he compartido hasta el momento vienen de las experiencias, tú ya leíste algunas, muchos aprendizajes vienen de otras personas y esto me hace pensar en lo que cada uno de nosotros representa, cada persona tiene un valor enorme, representa muchísimo y como tal debemos darnos cuenta primero nosotros mismo, valorando así lo que compartimos por lo que somos.

A mi punto de vista, la pregunta que deberían hacerse todos los seres humanos es ¿Qué es lo que valgo yo? Así, de esta manera comenzar a valorarse sin importar quien esta a un costado de nosotros, si tienes dinero o no lo tienes, si con el que estas es rico o pobre, si tiene arrugas o no, mejor hay que comenzar a reflejar lo que somos en nuestro interior, lo que eres, que estoy seguro es algo bueno ¿Cuánto vale lo que tienes, lo que conoces, lo que has estudiado, lo que has aprendido, lo tienes en tu mente, en tu alma, en tu espíritu?

¿Cuanto vales tú? Estoy seguro que has caminado por la vida y alguien ha aprendido algo de ti ¿Cuánto valor le pones a eso?

Cuando te pregunto tu nombre y me lo dices, yo te pregunto ¿Te querías llamar así? – Obviamente nadie te pidió permiso para que te llamaran así y así te quedaste, no te cambiaste el nombre y son muy pocas las personas que realmente lo hacen ¿Por qué? – Más que gustarte es porque te acostumbraste a que te llamaran de esa manera, algo similar sucede con el pensamiento, mientras más te repiten las cosas, más te comienzan a gustar, por ejemplo: con la comida puede pasar lo mismo, un día tú mamá hace algo diferente para comer y como tu nunca lo has probado lo rechazas en ese momento, pero un día vas a una casa y hacen exactamente lo mismo y te lo tienes que comer, aquí no hay opción de dejarlo, así que lo pruebas y descubres que no estaba tan mal, después lo vuelves a probar y cada vez piensas en que te gusta más y más, tu mente se va a adaptando, se va programando para que te quedes con ello, verás más a profundidad esto en los siguientes capítulos.

Ahora viene la siguiente pregunta que me gusta hacer en las diferentes dinámicas, ¿Quién eres? – Aquí, muchos comienzan a decirme que son maestros, arquitectos, contadores, psicólogas… aún cuando yo no pregunte cual es la profesión que practican; otros me contestan que son una mujer o un hombre y eso yo lo se a simple vista, eso no es lo que yo pregunte tampoco, así es que ¿Quién eres? ¿Cuanto vales? Preguntas difíciles y profundas y de las cuales la única forma de encontrar respuesta es descubrir quienes somos. Muchas veces estamos buscando en lugares que ni siquiera nos competen, todo por pensar que eso es lo que hace feliz a los demás, yo te pregunto, ¿Quién eres y que te hace feliz a ti?

Estar seguros de uno mismo es esencial, profundizando en nuestra mente y corazón, asegurándonos de saber quienes somos, para no dejar que alguien más nos venga a decir la respuesta que nosotros mismos debemos encontrar, en ese momento podemos comenzar a valorarnos, no en función de sentirnos superiores o inferiores, sino de valorarnos a nosotros mismos y valorar lo que esta a nuestro alrededor. Valorarnos como seres humanos y valorar a los demás que se encuentran en ese mismo camino de la vida, cada quien a su manera, en su momento y en el lugar que le toco, pero todos tratando de ser mejores, de vivir, y tu queriendo comenzar a sentir.

Tú sabes quien eres, no puedes dejar que otra persona te diga lo que tu quieres para ti, te puede platicar su experiencia y demás, pero tu tomas la decisión o no de acuerdo a tu forma de ser, a lo que te hace feliz, no en función a lo que hace feliz a los demás. Humilde pero fuerte sabes tu valor, nadie te hace más valioso porque camines a un lado de el, por más que llegue y te diga que vale mucho por lo que hace y que tu lo deberías hacer también, debes aprender a saber lo que tú eres para firmemente decir no, o escuchar su opción y firmemente poder decir una respuesta, decidir por ti porque tienes esa capacidad de conocer que te hace feliz y que no hace feliz a los demás, si haces esto ultimo, lo único que harás es conducirte a una frustración inevitable y tu lo sabes. Incluso hay que tener el valor de valorar lo que uno hace solo porque te gusta, es decir, no importa cuanto ganes, no importa lo que digan los demás, a ti te gusta y es lo que te hace feliz, reconócelo y puedes decir con orgullo lo que muchos no tienen y es decir que haces lo que te gusta porque te hace feliz.

Ya sabes, nadie te pone un valor, tú eres importante porque te sientes bien con lo que eres, nadie te puede decir que eres importante porque estas o no en algún lugar importante o con alguien reconocido, no si tu no lo sientes y confías en lo que tienes y punto. También de ahí vienen los nervios infundados, te pones nervioso porque estas con alguien de dinero, porque estas con alguien que sabe o dice saber mucho, lo que reflejas es tu ser interno al externo es la confianza que tengas de ti, con esta puedes sobrellevar las situaciones pero tienes que creértela y más que esto tienes que sentirlo muy seguro dentro de ti. Debes sentirte cómodo en función a lo que eres, no a lo que dicen que eres por tu ropa, por tu nivel social, por tu trabajo, por algo físico, por lo que sea que te quieran adjudicar un valor, es necesario que leas esto aunque suene repetitivo para que tu mente lo asocie con tu ser y lo aplique a tu vida. Tú eres el que debe poner el valor a tu persona, y estoy seguro de que es mucho pero alguna inseguridad dentro de ti no te hace darte cuenta y por esto no eres en plenitud feliz, por ello mi insistencia en trabajar en el interior, eso que sólo tú puedes hacer. Puedes tomar iniciativa en este trabajo interior como tú lo desees, claro, no estoy en contra de los psicólogos, puedes acudir a una ayuda profesional para que adentre en eso que te frena, a tener seguridad en ti, seguridad en que vales mucho, que te diga que puedes hacer lo que desees para ser feliz, lo importante aquí, es que tomes el paso hacia tu persona para que encuentres la paz y tranquilidad en cada momento.

Verás que en el momento en el que encuentres ese valor importante en ti, estarás más dispuesto a varias situaciones que la vida tiene para ti, a tomar oportunidades, a no tener miedo, a convivir y disfrutar cada momento con cualquier persona que este enfrente de ti sin sentirte superior o inferior, simplemente confiando en tu ser y nada más, sin sentir que tienes que cambiar tu esencia. Eso que eres y te hace feliz te hace sentir confianza.

Estas leyendo ahora este libro, estamos juntos en este momento y puedo decirte que somos iguales y podemos mantener una comunicación amena solo porque estamos bien con nosotros mismos, aprendiendo uno del otro, compartiendo anécdotas diferentes o parecidas, somos seres humanos semejantes entre si, y no solo tu y yo, sino todos.

Que no te importe en verdad que alguien más te muestre su inseguridad y te jale hacia el, es decir, no hagas caso a esas personas que te dicen que te ves mal, incomodo o inseguro por pensar en que si alguien te va a aceptar o no, que si les voy a caer bien o mal, o porque hago esto y no lo otro, ya no importa eso porque vas a estar contento contigo mismo, con la vida misma y con los demás. Para ti todos son seres humanos y tu solo quieres ser feliz.

Una persona segura, que se valora, puede vencer retos sin dejar que nadie le diga lo que tiene que ser, esto lo veremos a lo largo de los siguientes capítulos, aplícalo en cada uno de ellos, todo se complementa. Es importante que sepas valorarte, que sepas que tu felicidad no es canjeable por lo que alguien más te dice, es firmeza por lo que tu quieres y porque deseas ser feliz, refiriéndome a todos los aspectos de tu vida.

Decía J. G. Goethe que "Lo peor que puede pasarle a un hombre es llegar a pensar mal de sí mismo"

Así te digo que no lo hagas, no caigas en ese mal hábito que llegamos a tener todos de no valorarnos tal y como somos, no querernos con nuestros sueños y esperanzas, con nuestros defectos, con nuestras virtudes, con nuestros esfuerzos y con nuestro camino recorrido a la felicidad.

Piensa lo mejor de ti… puedes ser feliz porque eres tú, porque puedes y tienes toda la fortaleza para hacerlo, lo único que tienes que hacer es creer en ti mismo, en ti misma. Todo estará bien porque eres lo suficientemente bueno(a), porque como te seguiré diciendo, has trabajado, has luchado, no has corrido ante las adversidades y si lo has hecho sabes que no debe ser así porque eres lo suficientemente fuerte para enfrentarlas.

Valórate, quiérete, porque eres tú. Eres libre de ser feliz, las únicas cadenas pueden llegar a estar en ti, no dejes que alguien te la ponga y si tienes unas tíralas. Créeme que todo va a salir bien una vez que te liberes de todo para pensar en ti, porque empiezas y vas a tener fe en ti, confianza, amor, te vas a valorar y valorarás a los demás, seguirás trabajando en todos los aspectos que necesitas.

Valórate aunque te equivoques, todos llegamos a hacerlo pero no todos llegan a levantarse confiando en si mismos y decir firmemente que nada esta perdido, que todo continua y siempre hay oportunidad de levantar la frente y saber que lo haremos mejor, eres querido(a) porque eres tú, eres amado(a) porque eres tú, voltea a ver y sentir esa sinceridad que te lleva a tener a toda esa gente bonita que te rodea, que nadie que te use para su beneficio y a nadie uses para tu beneficio, simplemente debes ser tú, sin cambiar, y trasmitiendo energía positiva. Verás…

Estas frases que te presento y te presentare son de personas que como tu y yo han vivido la experiencia de la vida misma. Como te he dicho todos somos seres especiales, todos tenemos un valor y todos podemos transmitir esa forma positiva de vivir, depende de uno mismo el como mirar la vida.

"Amarse a uno mismo es el principio de una historia de amor eterno" O. Wilde.

Es como comienzo esto que son unos aspectos que quiero compartirte para que alimentes tu ser de pensamientos positivos en base a ti...

Armonía

Quiero darte ahora lo que es la formula de mi éxito, como fue que yo he llegado hasta donde me encuentro.

Antes debo decirte lo siguiente... Si hasta ahora no has logrado tener el éxito en tu vida que deseas tener, entonces cambiar tu mente es algo muy importante para que puedas actuar de manera efectiva, comienza por ti, dando el paso hacia una luz de energía positiva. Hasta ahora te he platicado muchas aventuras, experiencias de mi vida y la importancia de valorarse a si mismo para poder tener confianza en si mismo, pero quiero compartirte lo que pienso es la esencia de todo eso, incluso del liderazgo, todo lo puedes complementar, verás por que te lo digo...

Más que la condición física, más que cualquier otra cosa, pienso que es la armonía la que se mira en el exterior y con la que camino todos los días, lo que notan las personas y les parece increíble. Como dijimos: "nunca sabes quien te esta mirando" y mi manera de caminar siempre, mi manera de hablar, la seguridad con la que actúo, mi manera de pensar, la expresión de mi cara, muestra lo que soy: una persona que aparte de valorarse así como soy, encontró la armonía y la hizo parte de su ser. Muchos me dicen que es una luz que transmito, una paz, yo digo que es parte de mi armonía, que la manera en la que vivo me hace sentir y vivir todas esas características con las qué me definen cuando me ven y me conocen, es "armonía"…

Te explico:
La armonía juega un papel importante en toda nuestra vida. ¿Has escuchado alguna vez la frase "vivir con balance"? – podría apostar que si, todos la hemos escuchado alguna vez, en la televisión, en una platica, en un consejo.

-¿Estas de acuerdo con vivir una vida balanceada? Imagina una balanza, literalmente hablando

¿Qué observas?

Lo que miras es un aparato que nos indica que tenemos el mismo peso en ambos lados, haciendo que esta no se mueva a favor de ningún lado, es decir, ambos lados se bloquean uno al otro para que no sobre salga ninguno, un lado cancela al otro, llegan a un punto cero; esto aplicado a la vida, significa que tenemos un balance. Ahora piensa ¿Debemos estar balanceados? - No, yo te quiero decir que esto no existe o no debe existir de esta manera, no podemos ser una balanza en nuestra vida porque simplemente no es lo más adecuado a lo que nuestro ser necesita para ser feliz. Verás...

En la vida no podemos estar enojados y contentos al mismo tiempo, o estas enojado o estas contento, no puede haber un balance en eso. Yo prefiero tener una vida desbalanceada si es necesario para que la felicidad sobresalga del enojo, tristeza o cualquier cosa que pueda frenarme. Aquí es en donde entra el concepto de armonía.

Otro ejemplo perfecto que te puedo decir es: el bien y el mal, estos dos aspectos con los que convivimos y son parte de nuestra vida diaria, no los podemos poner en una balanza en nuestro ser, la carga de energía debe ser siempre hacia el bien ¿No lo crees? A mi punto de vista no podemos hablar de que algunas cosas en nuestro ser las podemos balancear y otras no; no, esto no es un juego de pares en los que escoges que balanceas y que no.

Quisiera mostrarte un poco de cómo va acompañado mi manera de pensar con mi vida diaria, todo en conjunto para que mi ser trabaje en armonía y no en un balance. Gracias a esto te puedo decir que no importa el momento en el que me encuentre, si alguien me esta mirando mi ser esta en armonía, incluso algunos de los que me conocen lo pueden afirmar. Sabes más de mi después de haber llegado hasta aquí leyendo algunas de mis anécdotas y como afirme en un principio no es una historia de ficción, es una historia de la vida real, y si me ves caminando por la calle, si me conoces, si no, de todas maneras mi manejo de armonía es algo que te puedo decir es lo que me caracteriza. Me dicen que me ven sonreír, caminar como si no tuviera preocupaciones o apuraciones – bueno, es eso "armonía" que hace que piense positivamente y que mejore mi rendimiento, que sonría cuando me miras, incluso es lo que hace que no tenga algún tic como los que mueven mucho los pies como signo de ansiedad o de que algo les perturba (todos conocemos a alguien que lo hace ¿en quien piensas?) la armonía hace que no tenga ojeras que transmitan cansancio o estrés en mis expresiones, todo lo contrario "armonía" que transmite paz interior. Te repetiré esa palabra mucho "armonía" para que la grabes en tu mente y la hagas parte de ti aplicándola siempre.

Si no te sientes feliz, completo, en armonía, no podrás transmitir nada, pero más importante aún, no estarás a gusto contigo mismo y con lo que haces, "completa cada parte de tu ser". Yo logré hacerlo no pensando en mi condición física, sino en algo que va más allá, **¡si yo puedo, tu puedes!**

Despide aquello que no necesitas ya, despide aquello que formó parte de tu vida y cumplió su ciclo, ahora es tiempo del cambio, no te anides nunca en ningún momento o lugar, continua en cambio y aprendizaje, deseando más y más, deseando aquello que te hace feliz y más que eso viviendo por hacerlo y que cada día cuente, si quieres grita, enójate, pero nada de eso servirá si no actúas de una vez por todas.

Nada de esto podrás hacerlo si no tienes en mente una armonía que te ayude a pasar cada obstáculo que crees presente.

Incluso la armonía te ayudará a encontrar eso que deseas para ser feliz, eso que hace que te valores y valores lo que amas, deja a un lado la nube que nubla tu mente y no te deja ver lo que amas, lo que sientes, lo que te hace feliz, eso que no te deja aceptar que amas incluso lo que haces, todo por lo que te dicen los demás, encuentra la armonía que hace que sientas paz y te deje pensar libremente, es posible si lo intentas, puedes aplicar lo del siguiente capítulo para lograrlo.

Antes quiero explicarte en que consiste esto:
Una armonía es un punto cuando todo lo que tenemos, todo lo que nos rodea, todo lo que esta en nuestra vida esta funcionando en un ritmo armónico y ¿Por qué "Ritmo Armónico"? – porque todo lo que somos funciona en base a que somos energía, todo funciona en vibraciones y las vibraciones son las que captan el ritmo. En una orquesta, un grupo tocando en música, cuando los integrantes no están tocando con ritmo no existe la armonía, todo lo contrario, se convierte en un sonido molesto que no llegamos siquiera a soportar. Al momento que tocan en armonía el sonido se convierte en algo bonito que llegas a disfrutar inmensamente, es cuando nos da gusto escuchar el sonido porque recorriendo nuestros oídos hasta nuestra mente este sonido armónico puede reflejarse en nuestro ser adentrándonos en esa armonía, eso es lo que nos da felicidad. No estamos muy felices o contentos cuando las cosas se salen de control, cuando todo se dispara de un lado u otro y no existe la armonía perdernos la felicidad, pero cuando

hacemos que las cosas entren y salgan de nuestra vida de una forma armónica encontramos la paz y la felicidad.

Existe un método que ha sido diseñado para mirar una vida con armonía:

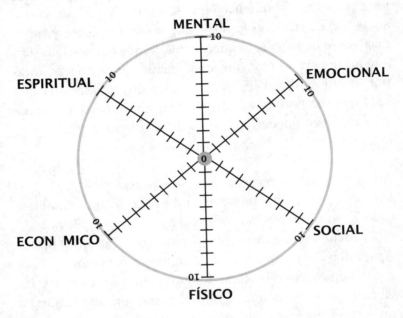

Lo que ves en la imagen es el círculo de la armonía. Aquí tenemos lo que vamos a manejar como los seis puntos clave para nuestra vida.

- Mental
- Emocional
- Social
- Físico
- Económico
- Espiritual

Estos son los seis puntos en los que debemos encontrar la manera de trabajar y hacerlos funcionar de manera armónica. Te explicaré ahora como puedes ver la manera en la que te encuentras hoy y como debes trabajar para tu vida y ser feliz.

Como puedes ver cada línea que une al centro con los puntos esta a manera de escala del 0 al 10. Evaluemos pues como vamos en nuestra vida, como estamos el día de hoy de manera general. Quiero aclarar antes que no hay respuestas malas o buenas, es solo una manera de medir la fuerza de cada punto en tu ser, como te sientes en cada uno de ellos, si los sientes altos o bajos:

• Mental: Si nuestra mente esta tranquila o preocupada, si tienes cosas que te ocupan de más, que te estresan o te molestan. De acuerdo a esto ¿como te sientes mentalmente del 0 al 10?
• Emocional: Cómo te sientes en tu interior, sí estas tristes, sientes que algo te hace falta, sientes que eres querida o querido o no, te sientes asfixiado ¿como te sientes emocionalmente?
• Social: Como te sientes dentro de tu vida social, sientes que le fallas a las personas, te sientes muy bien como para poner un 10, sientes que tienes muchos amigos a los que quieres y viceversa. ¿Cómo te calificas aquí?
• Físico: Si te sientes bien, si sientes que comes sano, sientes que cuidas tu cuerpo, lo ejercitas. ¿Qué punto le pondrías?
• Económico: No necesariamente pensando en cuanto ganas, eso no determina tu condición económica. Con esto me refiero a si tienes todo lo que necesitas en la vida, incluyendo tus gustos, sintiéndote tranquilo y feliz, si realmente gastas de acuerdo a lo que tienes o te vas a los

extremos descuidando una parte por otra.

• Espiritual: Este no significa necesariamente si practicas o no una religión, no me refiero a cumplir con reglas de las religiones. Es estar contento con tu fe, con tu religión, con tus creencias, pensando en que si mueres has cumplido en ese aspecto refiriéndome a una paz interior, una existencia feliz. Sin tocar religiones ¿Cómo te sientes espiritualmente?

Habiendo marcado todos en el punto en el que te evaluaste, no lo olvides, es muy importante:
El hecho de que algún punto haya salido bajo no significa nada malo. Este no es un test aprobado o no aprobado, no está bien o mal, es para que sepas como estas en este momento, medir como te sientes y en lo que puedes trabajar. Tú podrías estar muy bien en el área económica, pero por ejemplo: puede que no te estés dando tus gustos por una u otra razón, o quizá te estés dando demasiados gustos comprándote un celular en vez de comer sanamente, estamos evaluando como estas en esos aspectos.

Después de haber hecho esto, ahora une cada punto en el que te evaluaste tratando de formar lo que sería un círculo y observa lo que pasa ¿como se ve?...

Muy probablemente no te haya salido un círculo perfecto, seguramente obtuviste una figura que no tiene mucha armonía. Este es un mapa de lo que es tu vida en este momento, así que si no sientes por dentro una felicidad continua, una paz, es porque no estamos logrando un círculo perfecto. Pero ¿Por qué un círculo? – Todo lo que existe en esta vida es un círculo, nuestra vida actúa a manera de círculos, todo da vueltas como una rueda pero si la rueda no esta perfecta es muy difícil que se mueva fácil y livianamente ¿Has tratado de manejar tu auto con una llanta ponchada? Tú sabes que no llegas muy lejos, así es que si no haces que esa rueda de vueltas bien, te vas a sentir desequilibrado y eso no es muy agradable ni para ti ni para los que te rodean, creando problemas mayores en tu mente que tal vez ni deberían estar ahí, tal vez de esta manera haces los pequeños problemas una tormenta de la que no puedes escapar cuando realmente estas en una pequeña llovizna de la cual te puedes cubrir tranquilamente y salir seco; puede causar incluso que no tomes decisiones de acuerdo a lo que debe ser, tomar decisiones también requiere una armonía, un paz interior para poder tomar el mejor camino, sin apresurarnos, sin estresarnos, disfrutando el momento de cómo nuestra vida va cambiando positivamente, estando seguros de que vamos bien, que no hay nada que nos pueda frenar porque principalmente nuestro interior esta bien, no hay nada que nos pueda detener porque nuestro pensamiento, alma y corazón están en armonía y sabemos que sólo queremos la felicidad.

Quiero aclararte que no estoy diciendo que debes tener un diez en todos los aspectos de tu vida o un nueve, no. Lo que si quiero decirte que de alguna manera todos deben de estar en un mismo nivel, si llegas a esa meta, el circulo estará perfecto y estarás logrando una vida en armonía, todo en un ritmo que traiga paz a tu interior y te sientas feliz sin dudarlo un segundo.

¿Cómo puedes hacer esto?
Tienes que hacer una evaluación de cada punto, una evaluación profunda, ver los altos y bajos y ver que pasa con ellos, porque le dedicamos más tiempo a unos puntos que a otros cuando todos se complementan entre sí; por

ejemplo: si tuviste un nueve en tu vida espiritual y un 5 en lo físico -bueno, de que te sirve tener una vida espiritual alta si tu condición física no es la correcta, sino te alimentas sanamente, si tu cuerpo no esta bien, no te sientes en paz con tu cuerpo, te quejas de él todo el tiempo; o de que te sirve tener una vida espiritual fuerte si en lo emocional tienes un cinco, es decir, emocionalmente eres un desastre. Si estas bien con tu fe o religión, en tu vida emocional deberías estar de la misma manera, si no lo estas es porque algo no cuadra en tu vida de acuerdo a lo que estas diciendo, hay cosas que hay que reflexionar y trabajar para ponerlas en armonía.

Todos los puntos son válidos y tienen el mismo valor; por ejemplo: mucha gente dice que lo económico no es tan importante expresando que lo mas importante es la salud, el espiritual, básicamente que estés bien en todos los demás aspectos pero lo económico lo bajan al nivel menos importante... no, eso no es cierto, lo económico es igual de importante porque vivimos en una sociedad, en un mundo que requiere tener dinero para poder vivir bien; entonces todos los puntos aquí tienen la misma magnitud, el mismo impacto en nuestras vidas si los cuidamos o descuidamos, por eso es muy importante que todo funcione de manera armónica, para que la rueda de la vida gire fácilmente para llegar a la felicidad.

De manera más personal, puedo decirte algunos tips para lograr la armonía, no sin antes decirte que es un trabajo más personal, entra a tu interior y valora lo que deseas y lo que tienes, mira el deseo tan grande que tienes por tus metas, como te comenté, muchas veces gastamos energía en cosas que no valen la pena, es cuando algunos de los puntos suben o bajan y nos desequilibramos, es cuando el circulo perfecto se vuelve imperfecto, es cuando tu ser se llena de frenos que solo tú puedes quitar mediante el trabajo interior, y el exterior, porque como vimos tu cuerpo es importante también. No hay cosas tan fuertes que puedan parar tu camino si tu deseo es más fuerte aún.

Es tu mente la que comunica a todo tu ser el deseo de lograr la armonía, trabaja en ello, en el siguiente capítulo observaras la importancia de hacer crecer tus deseos para volverlos una realidad. Iras viendo como cada punto se pertenece, se complementa y todos juntos son ingredientes necesarios e indispensables para alcanzar la felicidad.

En cuanto a lo emocional. Evalúa y date cuenta lo importante que eres, con pasión, humildad, coraje, mira con los ojos abiertos para que te des cuenta de quienes realmente están contigo porque eres tú, no te fijes en quienes ponen piedras en el camino, no, simplemente evalúate tu mismo, no quiero que evalúes a los demás porque ellos no están viviendo para ti, no están cumpliendo tus metas, no están siendo tú "tú eres tú" tan simple y liviano como esa frase que incluso puede parecer absurda, pero en el camino la olvidas sin darte cuenta.

Mira quien eres y si así lo deseas, cambia esos aspectos con los que no estas a gusto, mira a la gente que realmente esta abriendo su corazón para ti, esas personas que de igual manera están a la par en un pensamiento positivo y que desean solo lo mejor para ambos y para este mundo, consientes de que el cambio que necesita el mundo solo esta en ti, en ustedes, creando momentos con cargas, verás que sola se transmite toda esa energía que emocionalmente creara en ti una tranquilidad y paz, no solo contigo sino con los demás.

Como he dicho en varias ocasiones, la energía positiva se atrae entre si y sí tu te manejas de esa manera, lo positivo llegará a ti como un imán, soltando lo que no necesitas, depende de ti, no puedes ser un imán positivo y negativo al mismo tiempo, date cuenta y siente, transmite lo que quieres ser, transmite lo que eres. Todo esto puede caber en lo social, así como trabajas lo emocional a lo positivo, como te dije atraes más aspectos con la misma carga, personas en este caso, como te dije, deja de preocuparte por cosas sin importancia, por las personas que quieren obtener energía a costa de tu persona, de tu mente, a costa de tu bienestar; mejor comienza a manejar esas situaciones con tranquilidad, eso es lo que merece tu ser que busca la felicidad. A mi me gusta mucho esta frase de Buda "Estamos en este mundo para convivir en armonía, y quienes lo saben no luchan entre si" creo que expresa más de lo que yo podría decir, incluso tú sabes que eso es lo que jamás debemos olvidar y vivir seguros.

Estas bien y tu manera positiva de vivir debe permanecer, respira hondo y vive feliz encontrando tu armonía en la sociedad, crea de este mundo comenzando por ti algo mejor, transmitiendo a los demás, a tu entorno todo lo bueno que tienes.

Como te dije anteriormente. Todo es un complemento y nada queda a fuera en ningún momento, ningún punto esta de más. La manera en la que tratas tu cuerpo es el reflejo de cómo tratas tu interior, tu cuerpo refleja tu ser, lo que quieres decir a las personas, la forma en la que te ves, como lo cuidas, como lo alimentas, como lo amas, tu cuerpo es lo que carga todos los días físicamente es algo que merece cuidado porque nos amamos y queremos estar bien, yo creo que a nadie le gusta sentirse mal, sentirse cansado o con dolor de cabeza provocado por fugas de energía mal canalizadas. La manera en la que te sientes físicamente influye en tu mente y en la manera en la que te ven los demás, esa expresión de una sonrisa fresca y agradable a la vista, sin cansancio, sin estrés, es siempre bien recibida por todos a tu alrededor.

Si te amas a ti mismo y deseas caminar hacia tus metas para cumplirlas necesitaras de un cuerpo sano que te acompañe en cada momento, así que quiérelo, apapáchalo y no lo dejes absorber energías que no quieres cerca de ti, porque esto no solo te afecta mentalmente, sino físicamente también, cuantas veces no hemos escuchado hablar del dolor de cabeza por estrés, del dolor de estomago constante por la estresante rutina diaria. Anda y maneja la armonía para que tu cuerpo reciba con amor lo que estas haciendo por ti para ser feliz; aliméntalo sanamente, ejercítalo, siente la ligereza de tu cuerpo al caminar, al correr por los campos verdes, al correr dentro de una lluvia que disfrutas por el simple hecho de disfrutar la naturaleza, mira las posibilidades de todo esto, un cuerpo sano. Sí quieres puede realizar esos ejercicios de meditación, organiza tus tiempos y toma un momento realizarlos, verás que esto es posible también. Mírate al espejo y observa algo que amas y cuidas diariamente, que al caminar las personas sientan que tu persona no solo transmite energía positiva, sino que se mira a simple vista un cuerpo lleno de vitalidad que desea y lucha por lo que día a día se te presenta siempre de la mejor manera, un cuerpo que se mire a simple vista sano, pero que también sientas tu en plenitud, con todas las consecuencias positivas que esto trae consigo.

Recuerda también que la economía es de gran importancia, pero trata de equilibrarla. Conoce bien tus posibilidades y verás que puedes obtener lo que quieras con calma y paciencia, para eso has estado trabajando y lo vas a lograr, tu mente ya esta puesta en esas metas que deseas, solo es cuestión de que no te dejes vencer y sigas trabajando por ese ideal que deseas alcanzar, en el camino, siéntete cómodo y confiado de que tienes lo que necesitas, más por el trabajo arduo que has realizado, verás que todas la energía se ve reflejada en cada una de estas áreas, incluso en tus actividades laborales. Créeme, tendrán más frutos si todo lo realizas con este estado de armonía.

Por último, pero no menos importante "tu espíritu" por favor, el mundo te necesita fuerte, alimentado de buena energía, porque una persona con una sonrisa sincera, con un abrazo del corazón, es agradecida y nos hace tener fe en que todo esta bien, para esto necesitamos un espíritu fuerte que nos llene de energía para enfrentar cada reto, confiado de que el tiempo es nuestro aliado y no nuestro enemigo, confiado de que tu ser puede cumplir cada meta que se proponga, un espíritu que medita y esta en paz puede lograr todo, te repito que solo tu puedes trabajar ese interior que hará de este un mundo mejor, un mundo que te necesita a ti, porque tú eres así de importante. Yo te puedo decir que puedes alimentar tu espíritu con un suspiro, respirando aire puro mientras vas manejando por la carretera, dando una sonrisa a quien se cruza en tu camino, mirando lo momentos felices con más fuerza, porque esos momentos pueden llegar a tener la carga de energía que tu les quieras poner, carga toda la energía del lado positivo y verás que tu espíritu se fortalece, logrando así las posibilidades infinitas que desees venciendo cada reto que se te ponga en frente, el que sea, laboral, personal, etc. mira que no hay nadie que pueda tirar ese espíritu que es tan fuerte como tu mente y alma, tu pasión y convicción, tus deseos y tu manera de vivir, "feliz". Busca eso que te llena y aliméntate día a día con esos momentos y sentimientos que para ti valen la pena, ayúdate a encontrar la armonía...

Quiero dar un espacio aquí para compartirte esta historia que va inclinada a mi fe, toma tú el punto de vista que desees y puedes aplicarlo a tu vida si así lo deseas...

Un día en un paseo con un amigo en un velero, el me hizo una pregunta -¿Qué prefieres, ser marinero o capitán? Pareciera que su intención era saber algo más con esa pregunta, pero yo no lo entendía, pensé en la respuesta que el quería escuchar sin analizar mas allá, solo pensaba en mi instinto normal y respondí como cualquier otro - ser capitán ¡claro! Siempre trato de ser un líder o capitán y ser un ejemplo; recuerdo que el día estaba hermoso, íbamos platicando, viendo el mar y el atardecer, de pronto tocamos el tema del liderazgo y mientras lo hacíamos me dijo de pronto que tomara yo el timón, que tomara el control del velero, no lo vi tan difícil y lo hice: me pare y me puse al mando; de pronto me doy cuenta de que estábamos cada vez mas alejados de la costa, el mar comenzó a ser mas agresivo con nosotros, el timón estaba cada vez mas difícil de controlar, las olas eran más fuertes, le dije a mi amigo que volviera a tomar el timón, yo ya no podía hacerlo como se necesitaba, tomó el timón y solo me dedique a ponerme a salvo en el bote para no caerme... varios minutos después todo empezó a calmarse, el mar se volvía mas amable, nos acercamos de nuevo a la costa y reflexionamos juntos.

No es lo que yo prefiera, muchas veces no podemos tener el control por completo, momentos en los que no importa que tan confiado estés, incluso puedes creer estar 100% preparado para recibir una tormenta pero en realidad nunca se es capitán, yo no lo era.

-¿Qué prefieres ser, capitán o marinero? Me volvieron a preguntar.

- Ya entiendo la pregunta, dije - solo Dios es capitán.

Puedo caminar confiando aún más en que Él va a un costado mío, no voy navegando solo, Dios es el capitán de mi nave, ningún problema es tan fuerte cuando sigues a un líder con tu corazón, con fe y con la confianza de que nada irá tan mal como para que no podamos seguir, siempre el barco íra a flote con nuestro trabajo y Dios como nuestro capitán.

El mundo necesita de eso: creer, tener esperanza y fe, actuar y no quedarnos a ver la tormenta, no; trabajar y saber que todo estará bien, que si hacemos nuestro trabajo y vivimos así, con buenos pensamientos y actos, todo será recompensado.

Recuerda, la armonía no es debilidad o sumisión, todo lo contrario, es fortaleza. Bruce Lee decía: "Uno debe estar en armonía con la fuerza y no en oposición a ella"
Has de la armonía tu fortaleza humana, esa que te lleve a la felicidad y al éxito en cada día de tu vida, esa fortaleza que te lleve a decidir seguro, a luchar seguro por absolutamente todos tus ideales.

Existen muchos nombres para llamar a Dios y una de ellas es esta que tengo yo de manera personal y quise compartirte hablando un poco del espíritu. Tu puedes tomarlo si gustas, en verdad creo que tu fe no va de acuerdo a una religión en específico, es algo en nuestro interior, como lo quieras llamar, algo más fuerte que nosotros mismos, puede ser algo que nos haga sentir a salvo y que nos hace sentir paz, sea cual sea tu creencia.

Ahora voy a lo siguiente, las afirmaciones, espero hayas encontrado la grandeza de tu ser hasta ahora, tanto en tu valor y la armonía en todo tu ser. Recuerda que todo es paciencia y firmeza. Así seguimos...

Afirmaciones

En este capítulo hablaré acerca de la reprogramación total de nuestra forma de pensar. Verás...

Una de las maneras para que yo pudiera salir adelante fue esta, programar mi pensamiento hacia algo positivo con tal fuerza que nadie pueda voltear la moneda de ninguna manera...

Estamos instruidos desde pequeños a pensar de manera un tanto negativa. Sabías que una de las primeras palabras que aprendemos es "no", así que nuestro cerebro se programa para usarla de manera cotidiana en nuestra vida, te explico: por ejemplo la manera en la que le preguntas a alguien si quiere ir al cine normalmente es: - oye ¿No quieres ir al cine? Anteponiendo la negatividad de la respuesta en la pregunta, esa es una manera de inseguridad, una forma de manejar las cosas sin ser a tu favor, es decir, te desfavoreces tú mismo con una forma negativa de expresarte. Incluso miramos las cosas negativas en todo nuestro entorno, la televisión, la radio, con las noticias siempre negativas que parecen ser más que información, una cosa que vende, una morbosidad que parece ser parte de nuestra cotidianidad. No, mejor has algo por ti y si vas a ver la tele que sea algo que te agrade, alguna película, algún programa interesante y con valor, incluso algún programa gracioso o mejor aún lee un libro que tenga cosas valiosas y amplíe tu imaginación; si quieres estar informado, existen otras formas para hacerlo sin caer en el amarillismo o la morbosidad. No te dejes influenciar por lo que no corresponde a tu persona, no dejes entrar cosas que no necesitas y que solo acaparan tu atención distrayendo inútilmente tu camino. No dejes que las personas se aprovechen de ti y ten cuidado lo que metes a tu mente por que eso es lo que vives y haces parte de ti.

Todo parece indicar una tendencia normal hacia lo negativo. No te muestres con miedo al cambio y por el contrario, comienza siempre tu día con afirmaciones positivas, has una pregunta positivamente: ¿Si quieres ir al cine? ¿Si quieres un pedazo de pastel? ¿Si quieres salir conmigo? Así es más factible que la otra persona o tú aceptes la oferta de ese momento, todo es un trabajo mental positivo. Inténtalo, comienza en esos detalles que podrían parecer imperceptibles pero son de importancia para obtener resultados positivos en la vida diaria, cambia esa forma de hacer una pregunta o simplemente de platicar, verás que te darán más ganas de compartir momentos o aceptar proposiciones.

Las afirmaciones también nos ayudan a afirmar quienes somos y quienes queremos ser de manera personal, este es un trabajo que requiere creer en ti mismo, en tu interior; puedes incluso reforzar lo que ya eres o comenzar a hacer lo que quiere ser, con esto quiero decir lo siguiente:
La afirmación nos permite declarar "positivamente" quien eres, te permite proclamar "positivamente" que quieres ser en el tiempo presente.

Al integrar las afirmaciones intencionalmente en el pensamiento diario de tu mente, tu vida empieza a cambiar su forma de acuerdo a las especificaciones que tú defines. Tú tienes el poder de diseñar y moldearte como tú quieras, cuando lo hagas, serás capaz de gozar la alegría de una nueva actitud ante toda la vida.

El poder de las afirmaciones es capaz de todo eso y más, es posible con este ejercicio que te voy a mostrar para practicar las afirmaciones, cambiar tu vida y alejar vicios, cosas que no quieres tener, cosas que no necesitas realmente en tu vida y que te están llevando a desgastar energía en vano. Las afirmaciones nos pueden ayudar también si queremos cambiar nuestra forma de cuidarnos, alimentarnos, hacer ejercicio, dormir lo suficiente, ser amable, tener buena higiene, todo aquello que piensas necesitas hacer.

Te explico el ejercicio para que lo practiques en casa...
Primero utiliza varios colores que expresen la personalidad de un mal hábito o buen hábito. Divide en dos una hoja y escribe de un lado lo que tu piensas son tus malos hábitos o mañas que tienes, yo te recomiendo que las escribas de color rojo ya que este color por lo general esta asociado con la negatividad; ahora ve del otro lado y escribe lo que piensas son tus buenos hábitos, hazlo.

Por ejemplo:

Buenos hábitos	Malos hábitos
Trabajo	Soy flojo
Soy amable	Veo mucha televisión
Soy agradable	Me muerdo las uñas
	Me equivoco mucho
	No soy ordenado
	Fumo

¿Qué notas?

Si en verdad hiciste el ejercicio notarás que la lista de malos hábitos es más grande que la de los buenos, como el ejemplo que te presente. Esto es debido a que se nos hace más fácil pensar de forma negativa que de forma positiva por lo que te comenté de estar programados de esa manera, no porque realmente sea más fácil. Las afirmaciones nos ayudarán a cambiar esto, a darle un giro a la moneda y comenzar a pensar positivamente para comenzar el camino a una felicidad constante y plena.

Si logras escribir todos tus problemas en una hoja para después leerlos, es asombroso lo que puedes ver y analizar más profundamente, puedes cambiar de manera increíble la visión de tu vida. He visto el poder que esto tiene, en lo personal he hecho este ejercicio con varias personas con algún vicio como por ejemplo el cigarro o el alcohol, al hacer su lista y mirarla, quedan asombrados por el impacto que esta tiene al leerla para si. No es lo mismo pensarlo, decirlo, ha verlo por escrito también.

Una vez escrito esto, comencemos con el cambio que quiero, este es el segundo paso de las afirmaciones:

Escribe en la misma hoja…
¡Ya no quiero ser flojo, quiero cambiar!
Como tercer paso exprésalo como si ya estuviera en el pasado, como si ya no formara parte de nosotros:
¡Ya no soy flojo!
Ahora como cuarto paso viene la afirmación:
¡Yo soy una persona productiva!

Así realiza este ejercicio con cada cosa que quieras cambiar. Si todos los días lo hacemos por la mañana y por la noche comenzará s a ver el cambio en ti. Primero es necesario que reconozcas el problema y quieras cambiarlo, dilo y expresa ¡que quieres hacer! repítelo 10 veces por la mañana y por la noche respectivamente. Puedes decirlo de esta manera:

Primer semana ¡Yo soy flojo, pero voy a cambiar! (aceptando el mal hábito)
Segunda semana ¡Ya no quiero ser flojo, voy a cambiar!
Tercera semana ¡Ya no soy flojo!
Cuarta semana ¡Yo soy una persona productiva, he cambiado!

Reprogramemos entonces nuestra mente como si fuera una computadora, cambia el software e instala uno más reciente y efectivo, anula los programas que ya no necesitas más y que siguen en funcionamiento. Recuerda que cualquier programa nuevo necesita de práctica, un manejo constante para que te acostumbres y lo hagas poco a poco de manera cotidiana haciéndolo parte de ti, familiarízate con esto y ponlo en funcionamiento hasta lograr maximizar todas las funciones y aprovechar al máximo el nuevo uso de esta forma de pensar. Afirma en voz alta al menos 3 veces: "Me encanta poder reprogramar mi mente de cualquier forma que yo elija".

Anímate a ser un animador, el #1 si así lo deseas, no importa tu condición, si tu eres feliz eres capaz de poder hacerlo, ya conoces las bases para lograrlo. Se siente bien cuando los demás están ahí para alentarte en los momentos difíciles o en momentos de excitación o durante un enorme crecimiento personal, sin embargo, hay ocasiones en los que el apoyo pareciera ser inexistente "usa las afirmaciones para animarte" sobre todo cuando sientes que no hay nadie más, eso es normal, todos hemos pasado por ahí en varias ocasiones, pero ahora ya sabes que hacer, anímate, inténtalo mediante este ejercicio y veras que funciona, hazlo con el corazón. Veras que todo esto desarrolla la confianza sobre ti mismo, la credibilidad sobre todo lo que haces. Si nuestro propio apoyo desaparece, tiende a ser más difícil confiar en nuestro propio aliento, en nuestra persona, especialmente si en realidad nunca ha estado ahí ese apoyo dado por tu misma sobre tu persona. Así comienza a ser tu propio fan, reconócete, lo mereces porque has trabajado arduo y sigue así por todo tu camino.

Repite: "estoy orgulloso(a) de todo lo bueno que he creado en mi vida"

Afírmalo con confianza, ten en cuenta que es verdad y siempre será así independientemente de cualquier obstáculo que se te presente en tu vida. Enfócate en razonar sobre lo positivo, porque eso es lo que te hace sentir bien, elije darte reconocimiento por los éxitos que has logrado hasta ahora, éxito que ha sido para ti y para los que te rodean también.

Seguiré hablando de cómo poder lograr esta meta de las afirmaciones, recuerda que todo requiere paciencia y tu tiempo, esto es fácil cuando realmente deseas hacerlo por ti y por los que amas que te rodean.

En relación a lo consiente - subconsciente. El subconsciente es a donde toda tu experiencia de vida es almacenada, este funciona como un piloto automático en nuestra vida, pero aquí esto no es deseable. El subconsciente nos hace algunas veces obedecer órdenes sin juicio o pregunta, siempre obedientes a la mente consciente.

La mente consiente es lo que podemos llamar el guardián del subconsciente, es decir, la mente consciente elije que pensamientos le debemos pasar o le permite pasar a el subconsciente. Te explico, En nuestros días hemos sido entrenados para que nuestro pensamiento consciente acepte o rechace lo que esta delante de nosotros, por ejemplo: Al momento que alguien nos dice tontos, nosotros podríamos aceptarlo sin negar esa exclamación, a menos que conscientemente nos hayamos declarado nosotros mismos una persona inteligente para refutar lo dicho.

Quiero decirte algo muy importante: Nosotros, como seres humanos, somos muy susceptibles a aceptar sin pensar cualquier cosa de naturaleza repetitiva, como por ejemplo: ¡usted no puede! ¡No eres lo suficientemente bueno! Así con una lista interminable de frases con el mismo objetivo, un objetivo opuesto al que nosotros queremos realmente dirigirnos. Con esto lo único que te quiero expresar es la necesidad de proteger nuestro subconsciente ¿Con que frecuencia nos bombardean con anuncios en los medios de comunicación, en todas partes, que nos dicen y detallan lo mucho que se supone nos falta, de cómo estamos supuestamente incompletos? En ellos expreso la importancia de proteger tu mente, tu subconsciente para que nada de esto afecte tu vida.

La mente consciente dicta al subconsciente. El subconsciente cumple obedientemente y los resultados se manifiestan en tu comportamiento e interacción con el mundo.

Eres lo que tu subconsciente cree que eres. La única forma en que se puede influir en tu subconsciente es a través de tu pensamiento consciente. Haz un esfuerzo consiente para alimentar a tu subconsciente con pensamientos positivos, eso de lo que tanto hablamos durante toda la lectura y esta presente en este ejercicio.

Afirma: "Permito que los pensamientos positivos ocupen mi mente"
Por medio de este ejercicio también puedes apoyarte para llegar a la armonía. Claro, trabajando en los seis puntos que te di anteriormente.

Por ejemplo.
¡Estoy en armonía-amo estar en armonía!
Te preguntarás tal vez ¿Cuánto tardará todo esto en funcionar? –Lo ideal primero que nada es que lo comiences a hacer, llevará un tiempo cambiar lo que tu mente ha procesado ya desde que eres pequeño, tomará tiempo pero en ningún momento ha existido la palabra -imposible-. Si, puede tomar semanas, meses e incluso años: en mi experiencia puedo decirte que todo ha llegado a su debido tiempo una vez empezado este lindo proceso. Depende también del fervor en tu deseo, el nivel de programación que apliques y el haberte despojado correctamente de esos programas que ya no necesitas en tu vida, todo depende de tu compromiso con la práctica.

Quiero mostrarte algunos consejos para tus afirmaciones, son los mismos que te he estado comentando pero a manera de lista para que los lleves a cabo:
1. Utilice palabras positivas como "estoy comiendo sano" a diferencia de a decir "ya no estoy comiendo chatarra o

comida grasosa" utiliza solo lo positivo.

2. Afirma en tiempo presente: "Tengo éxito" "Soy feliz"

3. Conéctate a reglas de uso, como emociones positivas, es decir, simplemente emociónate por tus afirmaciones y porque son o están a punto de ser una realidad, conecta la emoción de la afirmación con lo que estás haciendo y has que esto sea una regla en tu vida.

No olvides ser persistente, las afirmaciones son más potentes cuando se hablan o leen en voz alta, incluso puedes escribirlas no solo una vez sino varias veces, entre más repitas más conexión habrá con tu mente y con más rapidez se captará más el objetivo.

A continuación te presento algunas afirmaciones ideales, puedes aplicarlas a tu vida si así lo deseas, analízalas, y si sientes que requieren cambios de acuerdo a tu persona, confía en hacerlos, confía en que lo haces por ti, por un ser lleno de felicidad, un ser más seguro y confiado, un ser pasivo y fuerte al mismo tiempo:

Afirmaciones para el día

• Soy fuerte – No me daré por vencido.

• No estoy solo – Soy el mejor amigo de mi amigo.

• Soy un solucionador de problemas - Voy a encontrar la solución.

• Tengo un lugar - Tengo un lugar en este mundo.

• Soy Amado – Soy Amado por Dios (de acuerdo a tu religión puedes cambiarlo).

Afirmaciones para todo momento

- ¡Yo amo despertar con alegría!
- Doy la bienvenida a la prosperidad y al éxito en mi día.
- Yo amo tener mucha energía y entusiasmo.
- Yo amo tener enfoque y claridad.
- Yo elijo pensar positivamente en cada situación.
- Yo amo atraer gente positiva y alentadora
- Yo soy exitoso en todas las áreas de mi vida.
- Yo amo crear valor para los demás.
- Yo amo hacer mi mejor esfuerzo con lo que tengo.
- Yo estoy creando todo lo que quiero con facilidad y sin esfuerzo.

Puedes trabajar en las acciones que no son del todo saludables en tu vida:

- Dejar fumar
- Dejar de beber
- Dejar de comer chatarra
- Ser más amable
- Ser más sensible
- Ser más fuerte

En cuanto a esto, no me queda más que decirte lo que ya sabes dentro de ti, ¡no te rindas! Se paciente y armonioso para realizar esta bonita actividad en donde te conocerás más, desde el principio cuando aceptas cuales con tus oportunidades de crecimiento, el momento que actúas para cambiarlos y al ver cumplidas tus metas.

Otra manera de afirmar que eres feliz es reconociendo lo que has pasado y te hace sonreír con el alma: realiza una lista con algunos momentos así, tal vez una lista de diez momentos que te hacen feliz, pégala en ese lugar que sabes ves todo el tiempo, tal vez en el espejo del baño, en frente de tu cama, a un lado, donde tu sepas que la verás al despertar y al terminar el día, así podrás sonreír cada vez que despiertes o te duermas, así sabrás siempre que estas bien, que todo va a estar bien y vas por buen camino, sabes que eres feliz y tienes lo que necesitas y vas por más.

Ya sabes ahora como trabajar tu ser positivamente...

Una vez compartidos estos dos últimos capítulos doy paso a mi formula del éxito, confiando en que tu pensamiento esta ya encaminado más hacia lo positivo, hacia la armonía que te ayudará a realizar no solo lo siguiente sino absolutamente todo lo que te propongas, ese es mi objetivo, que pienses, que desees con el corazón y actúes para ser feliz en todo momento de acuerdo a lo que quieres. Recuerda que tu perseverancia es de vital importancia.

¡Si yo puedo, tú puedes!
(Mi camino al éxito)

Así como hemos visto, mis logros han sido muchos, pero puedo decirte que para llegar a esta paz interior de la que hablo, lograr mis metas, viajar, todo ha tenido un inicio en mi espíritu, como te he dicho, todos me preguntan que como le hice, pero en realidad ha sido tan simple como mantenerme en lo alto en todos los aspectos, verás:
He tenido la fortuna de encontrar personas con diferentes formas de pensar y de afrontar la vida, algunas de ellas también conferencistas motivacionales que han dejado en mí ideas e inquietudes que me han ayudado a mejorar y avivado en mí la voluntad de superación.

Todo ha sido parte fundamental para los cambios, para mi vida que siento y vivo con un éxito: las personas, los momentos y por supuesto la actitud. Todo esto en conjunto ha creado en mí un sentimiento de felicidad, puedo decirte que el éxito es mi felicidad, sí, porque éxito no solo es el que significa que eres rico monetariamente, no, es el que significa que eres feliz, que tienes todo y lo que no, estas camino a obtenerlo, es el que significa que tu alma esta en paz y en armonía, el que dice sin decir palabras que eres feliz en todos los aspectos de tu vida, porque has trabajado por ello, has luchado por ello y ya es parte de ti.

Una de las técnicas que llevo a cabo para lograr gran parte de mi éxito es lo que yo llamo "la fórmula del éxito" conformada por tres puntos básicos que me han dirigido y todo el mundo puede adoptar para su vida, no requieren nada complicado y en ellos no hay secretos, únicamente desear ser feliz y actuar para lograrlo, aplicarlos de manera correcta a tu vida, sin dejar atrás lo que ya hemos visto hasta ahora. Verás como los he aplicado a mi vida y la razón del porque te digo que me han funcionado.

Te he estado platicando vivencias que me han llevado a aprender muchas cosas, mis pensamientos han cambiado a lo largo de mi vida, de momentos por los que he pasado, nada ha sido coincidencia, todo ha sido porque tuve un comienzo, no ha sido siempre así mi vida, no comencé de la nada...

Primer punto "El poder del pensamiento".

El pensamiento es un punto vital dentro de nuestra vida, nos ayuda a formar ideas y tomar decisiones, además de permitirnos visualizar nuevas experiencias e intentarlas, cambiando, de esta manera, nuestro entorno. La mente nos puede impulsar a hacer y crear de manera diferente a como los demás hacen y piensan. Podemos cambiar nuestras perspectivas, atrayendo lo que queremos o deseamos obtener.

Dentro de la ciencia de la física Quántica se dice que todo ya está hecho, todo está creado, seguimos un patrón difícil de cambiar para realizar las cosas, yo les digo que con la mente podemos alcanzar nuevas metas, establecer nuevos valores, triunfos e infinitas posibilidades, podemos inspirar el pensamiento propio y el de los demás, dar un giro positivo a nuestro entorno, cambiar lo que se dice que no se puede cambiar, todo mediante la "visualización" una de las herramientas del uso del pensamiento: el poder de ver las cosas antes de hacerlas, para, de esta manera, facilitar el camino a nuestra meta.

En mi vida, a pesar de la falta de conocimiento que en ocasiones me rodeaba, al querer hacer una actividad, tuve que anteponer mi tenacidad para lograr mis objetivos. El aprender a manejar un auto fue uno de los retos más notables que tuve, te he platicado algunas de mis experiencias que con lograrlo vinieron, pero ahora quiero compartirte como fue que empecé esa historia; ahora claro puedo decir que ese deseo es parte del pasado, has leído que hoy es una realidad además de convertirse en una de mis actividades favoritas. Por más sencillo que lo veas, el aprender a manejar, por ser una actividad cotidiana y algunas veces estresante, para mi tuvo un significado muy especial, lo que siento detrás del volante va mas allá de lo que puedo expresar, me ha dado la oportunidad de ir más lejos de lo que jamás pude pensar, trasladándome a diferentes lugares, desde Nueva York hasta Los Ángeles, Ciudad Guatemala, gran parte de la Ciudad de México, El Salvador y muchos más. Ha habido momentos en que mi único deseo es solamente ese: viajar como quien sale de sí mismo para conocer otros lugares a vivir la experiencia.

"Visualización", fue como comencé esta travesía para convertir en realidad un sueño, me visualicé dentro del automóvil, detrás del volante, manejando, acelerando, frenando, dando la vuelta, viendo en mi mente cada movimiento que mi cuerpo tenía que realizar en cada acción, me veía concretando ese deseo muchos años antes de haber adaptado mi primer automóvil.

La primera vez que le expresé a alguien mi idea de aprender a manejar, su reacción inmediata fue una expresión semejante a la que hacemos cuando algo nos parece una real locura. Evidentemente, la manera en la que esa persona me visualizaba dentro de un automóvil era totalmente alejada de la mía, era claro que su experiencia le impedía visualizar que alguien como yo pudiera estar frente al volante, él sólo veía la forma común en la que todos manejan: dos brazos para mover el volante, dos piernas largas para alcanzar los pedales; pero en mi mente yo ya había diseñado otro método muy distinto a ese. A mucha gente traté de explicarle las adaptaciones que tenía en mente, sin lograr que realmente me escuchara, su cara, sus gestos me anticipaban su respuesta ¡él no podrá hacerlo! esas personas no lograban visualizar lo que yo tenía en mente, las modificaciones que yo requería para el coche y lograr alcanzar mi meta. Mientras yo veía lo simple de mi propuesta técnica y las grandes posibilidades para lograr mi deseo, ellos, al contrario, parecían no poder ver más allá de la imagen de un conductor de automóvil común. Lo que yo veía sencillo, les parecía imposible pero en mi mente ya era un hecho.

Quiero tocar un poco más de este punto "el cambio".

Frecuentemente a muchas personas les cuesta trabajo cambiar un poco su mente, salirse de las formas comunes, les parece difícil pensar en otros caminos, tomar con apertura las posibilidades que nos ofrecen los cambios.

Como seres humanos, es normal la dificultad para que aceptemos con naturalidad los cambios, convivir con ellos, adoptarlos o adecuarlos a nuestra circunstancia, incluso pueden llegar a negar la posibilidad de mejorar nuestra vida y, por ello, cuando nos encontramos con cambios tan grandes a veces nos es más fácil poner barreras, ignorarlos o simplemente no aceptarlos, dejarlos pasar, para no salirnos de lo conocido, recuerden el dicho que expresa tan correctamente lo que quiero decir: "más vale malo por conocido que bueno por conocer"

Yo, siempre he tenido no solo que aceptar los cambios, sino a abrazarlos, recibirlos como cosas buenas y positivas, porque me ha tocado ver y sentir sus consecuencias en mí y me atrevo decir que eso ha sido parte fundamental de mi éxito. Si logro un cambio en la forma de pensar en los que ahora están conmigo, haciéndoles ver un poco las cosas como yo las veo, puedo hacer que me acepten de una forma más fácil y acepten la idea de que todo es posible si se quiere en verdad lograrlo, podré transmitirles la confianza que hay en mí para que ellos puedan llegar a tenerla de la misma manera. Puedo decir que realmente es posible, que puedo lograr metas, puedo alcanzar el éxito y llegar muy lejos, no hasta donde los demás me digan sino ¡hasta donde yo quiero en la vida!

Para muchas personas, desafortunadamente, observo que el cambio es rechazado, por el simple hecho de no querer salirse de su área de confort, hacer cosas nuevas y diferentes implica un nuevo esfuerzo y quizá exponerse a ciertas dificultades ¿Porqué salir de aquí, si así estoy bien? yo les preguntaría - ¿Por qué no salir de esa área de confort para ver más allá? Las posibilidades son infinitas, ahí están y nos están esperando.

Siguiendo con la mente. Hay un ejercicio que me gusta mucho y me gustaría que mientras lees, visualices lo que voy narrando, para que de esta manera te des cuenta del poder que tiene la mente.

Visualiza un limón partido en dos. Si exprimes un poco del jugó de éste en tu lengua, sentirás cómo tu boca se llena de saliva por el sabor ácido, esta sensación mueve todos tus sentidos e identificas el efecto real del limón dentro de ti, eso que acabas de sentir, es el poder de la visualización.

Incluso cuando estas leyendo una historia, puedes ir visualizando lo que pasa y como pasa, tú lo creas en tu mente y lo haces real ahí, cada cosa que te he narrado en este libro, tú lo has hecho real en tu mente y la experiencia es ahora compartida, es de los dos.

Todo comienza ahí "la visualización" no hay razón para no hacerlo, cumplir tu sueño comienza por que empieces a sentirlo y verlo tan real como sea posible en tu mente. Walt Disney decía "No duermas para descansar, duerme para soñar. Porque los sueños están para cumplirse" y con esa frase no termino, comienzo, lo que es la fórmula del éxito, porque tu sueño es eso -el comienzo-.

Segundo punto "la emoción"

Todo comienza con un pensamiento, ahora hay que darle paso a la emoción, porque sí logramos realmente "sentir con emoción" lo que queremos lograr, podremos más fácilmente alcanzar cualquier meta.
Continuando con el ejemplo que les compartía, cuando

quería manejar, además de verme detrás del volante, sentía por dentro una emoción tan grande, tan fuerte, que se volvió una necesidad el poder lograrlo, sabía que representaba un paso enorme para comenzar a tener más libertad para moverme por mi mismo, no solo en un pequeño entorno sino mas allá, dentro de las posibilidades infinitas que yo veía que existía, una alegría recorría mi cuerpo por saber que no necesitaría de una persona para ir o venir, vivir con la pena de depender de alguien para llevarme o traerme iba a cambiar. Esa emoción era cada vez más grande en mí.

El día en que por fin vi ese momento convertido en una realidad, mi primer coche adaptado a mis necesidades, me enfoque a mi examen de manejo, obteniendo mi licencia en el primer intento, fue una de las alegrías más grandes que he tenido, cuando me entregaron mi certificado recuerdo lo que el oficial me dijo –Felicidades, lo hiciste muy bien. Pero yo sabía que lo haría, sabía que podía, dentro de mi visualización sabía que ¡si podía y que lo lograría! mi emoción, mi pensamiento hizo más fuerte la posibilidad de este logro, haciéndolo ver más fácil y alcanzable, aún cuando muchos llegarán a pensar lo contrario.

Otro ejemplo que vemos a diario está en los atletas, en ellos existe algo muy similar que aplican a su vida diaria, logran visualizarse como los mejores, proponiéndose, viéndose como campeones, como los mejores de su equipo, su pensamiento está enfocado en eso, no hay más opciones, así comienzan de manera positiva haciendo más probable su triunfo en comparación a alguien que no se visualiza desde el comienzo.

Muchas personas comienzan a realizar acciones anteponiéndose al fracaso, se dan por vencidos sin haber comenzado el primer intento, poniendo incluso de pretexto que la gente les ha dicho que no podrían lograr sus metas, ese sentimiento de fracaso, es claro, nos impide lograr la meta que nos proponemos, sin siquiera lograr acercarnos. Si logramos cambiar ese sentimiento, esa visualización por una positiva junto con una emoción tan fuerte que logres sentirla por todo tu ser, un pensamiento que lleve la misma carga de energía, podremos cambiar toda nuestra vida y perspectiva a una forma más positiva, con más metas realizadas.

Te cuento mi historia:
Yo aprendí a vestirme solo cuando tenía la edad de doce años, asistía a una escuela privada en donde conocí a una linda persona, una compañera con parálisis cerebral, ella y yo, a pesar de todo, nos llevábamos muy bien, era linda y agradable en todos los aspectos, dentro de la convivencia nos convertimos en algo así como el primer amor. Era incierto cuanto tiempo permaneceríamos dentro de la escuela había personas que llevaban ocho años, pero también había quienes a los dos, tres o cuatro años tenían que irse, yo tenía cuatro dentro y ella dos; Ninguno de los dos imaginamos que el tiempo juntos estaba por terminarse.

Un día, sin más, me dijo que le había llegado la noticia de que se tenía que ir, sus padres ya no podían seguir pagando su estancia en el colegio.

Mi tristeza fue muy grande, ella se iría; las seis de la mañana era la hora en la que tendría que partir para tomar un vuelo lejos de allí y así reunirse con sus padres, pero yo, yo no podía dejar que se fuera sin despedirme, quería verla partir y decirle lo que podía ser un último adiós.

Los tiempos no eran como los de ahora que fácilmente se puede mantener contacto con las personas, no existían las redes sociales o las nuevas tecnologías que hoy en día hacen que la gente no esté tan lejos, teníamos las cartas, pero no era tanta la seguridad de que llegaran, el dolor de una partida era más grande porque la comunicación era más difícil.

El sentimiento por querer verla y despedirla fue tan fuerte que no vi el paso que estaba a punto de dar, un logro, uno de los mayores en mi camino y un inicio más grande a mi deseo de independencia. Hasta esa fecha, en el colegio habían enfermeras que nos ayudaban a hacer todo, desde vestirnos, bañarnos, hasta practicamente darnos de comer en la boca, nos ayudaban en todo.

Solo existían tres turnos de los enfermeros en el colegio, uno en la mañana, en la tarde y el de la noche. En el turno de la madrugada solo había dos personas que iban a ocupar toda su atención en prepárarla a ella para su partida y no habría quien me ayudara a mí para poder arreglarme y poder encontrarla en su salida, fue entonces cuando pensé que tenía que hacer algo al respecto para salir y darle la sorpresa cuando viera que fui a despedirla a la salida del colegio.

Fue así que comenzó, ya tenía la idea de lo que iba a hacer, ahora me encontraba sentado en mi cuarto con la tristeza de que se iba y la emoción de poder sorprenderla al mismo tiempo, juntos esos dos sentimientos hicieron que desidiera tomar mi ropa que para empezar, no se encontraba en un lugar accesible para que yo la tomara con facilidad, tuve que bajarla del closet, hacer esto significaba mucho, era algo que no era común para mi pero era el inicio de mi paso para dejar todo listo y prepararme muy temprano al día siguiente, así que lo hice.

Esa madrugada se ha quedado en mi mente como un hermoso comienzo, su importancia fue tal, que cambio la manera en la que despertaría de ese momento en adelante, mi rutina ya no sería la misma "vestirme".

Dormía con pijama completa y eso implicaba otro reto que tenía que enfrentar ¡quitármela! eso también era algo nuevo y seguramente lo haces a diario sin analizar su sencillez e importancia en la vida diaria; ahí estaba, tenía que ingeniármelas para que todo saliera bien, admito que hubo momentos en los que paso por mi mente que en algún punto de la mañana, cuando fueran a prepárame para el día, los enfermeros me iban a encontrar desnudo sin haber logrado mi objetivo, - ¿Qué explicación daría ante eso? Tenía que lograrlo, no podía pensar en otra opción, debía ir a ver a mi queridísima amiga y despedirla, no podía darme por vencido y quedarme a la mitad de mi objetivo.

Para muchos vestirse es algo cotidiano y una de las cosas más fáciles. Para mí era un reto que tenía que vencer en ese momento, tenía que ingeniármelas para colocar cada una de mis prendas, cada una tenía una dificultad para mi, la ropa interior, los pantalones, mi camisa con botones, todo por lograr un objetivo, ver a mi amiga por última vez….

Coloque mi ropa interior con mucho trabajo, me tomo varios minutos y mucho sudor, abotone mi camisa con los pies dejando únicamente el botón de arriba para que logrará entrar mi cabeza con facilidad, coloque mis pantalones pero había una parte que aún no lograba solucionar, subir el cierre del pantalón. El tiempo se acababa faltaban quince minutos para que mi amiga saliera del colegio, y no me quedaba mucho tiempo, así que busque a mi alrededor y lo único que pude encontrar era el gancho con el que las enfermeras colgaban mi ropa, lo tome con la boca y comence a intentar subir el cierre, después de realizar muchos intentos fallidos, lo logre!!! Y sin pensar salí corriendo…

-¡Lo logre! Y no solo eso, salí para despedirla cinco minutos antes de que se fuera. Fue en ese momento, después de su partida, que reflexione lo que había pasado, un paso tan grande hacía una independencia que hoy es mi vida cotidiana. Comencé a tener así más valor para poder lograr cada día un reto diferente y ser menos dependiente de los demás, las enfermeras ahora me decían que ya no las necesitaba en forma de broma, porque cada día aprendí a hacer más cosas de lo que por primera vez hice por ella.

Mis deseos por hacer más crecían día a día, mi pensamiento estaba solo en eso, en la escuela aprendí a cocinar, lavar mi propia ropa, llevar mi higiene personal, tener una vida cotidiana yo solo, todo lo aprendí poco a poco hasta llegar el momento en el que pude salir de ahí, terminando lo que allá llamamos la High School a la edad de los dieciséis, era tiempo de una nueva etapa y quería pasarla como cualquier otra persona así que lo que seguía era mi ingreso a la universidad, un nuevo paso a otro tipo de independencia.

Mi deseo de crecer y llevar una vida lo más normal hizo posible el lograr entrar, comenzando una vida fuera de enfermeros que me rodearan todo el tiempo para obtener su ayuda en cuanto la pidiera, ahora viviría en los dormitorios de la universidad como cualquier otro estudiante demostrando que podía ser totalmente independiente y vencer con ello muchos retos más.

Tercer punto "acción".

Aquí después de lograr los los primeros puntos esenciales de la fórmula del éxito y partiendo de que cada una a su manera es de gran importancia, comenzamos con el tercer punto "la acción", nada podríamos realizar si no tomamos acción.

Nada de lo que te platique hubiera sido posible si mi mente solo se hubiera quedado en los dos primeros puntos, sin lograr realizar la acción me hubiera quedado con la idea de querer manejar, con la idea del "me hubiese gustado verla una última vez" o me hubiera gustado tener una carrera.

Hablamos de cómo crear un pensamiento y hacer crecer la emoción para crear la fuerza, pero un pensamiento con emoción sin tomar acción simplemente se queda en sueño y los sueños no son realidad, los llegamos a disfrutar pero no a sentirlos realmente, no llegamos ha palparlos. Tenemos que tomar acción, dar ese paso y dar ese giro, salir de nuestra área de confort, como mencioné, tenemos que aprender a no estar cómodos, la incomodidad nos hace partir a la acción, para de esta manera realizar metas nuevas, sueños que nos lleven al triunfo.

Los seres humanos vivimos en un círculo supuestamente estable, tenemos todo cerca, aparentemente seguro, por ejemplo: el lugar en donde vivimos es seguro, sabemos en donde está cada cosa, cada establecimiento, en donde está el mercado, la iglesia, teniendo cerca incluso a nuestros familiares, todo a nuestro alcance, estamos cómodos. Pero ¿por qué no aprender a salirnos un poco de esa área de confort? Nos quedamos estancados, no probamos cosas nuevas, experiencias, nuevos retos, más que los que ya conocemos, todo por quedarnos en una comodidad. Un cambio, como te he dicho, puede llevarnos a algo más allá, cuantas veces no has pensado que quieres ser algo más pero no puedes porque estas donde estas, bueno, a eso me refiero con salir de tu área de confort, atrévete a tomar no un riesgo sino una oportunidad, si lo ves como un riesgo, muy probablemente vayas temeroso a fracasar y ese sentimiento es algo que no queremos, ve mejor las cosas, el cambio, como una oportunidad de crecimiento.

Es muy importante que nos demos la oportunidad de abrir un poco más nuestra mente, pensando que el estar cómodos puede representar un peligro. En la física Quántica también se habla de que todo en este mundo tiene vida, todo está en continuo crecimiento, en el momento en que deja de crecer lo que tiene vida es porque está muriendo, por ello siempre hay que estar en crecimiento, probando nuevas cosas, dando pasos hacia adelante, aunque fuese uno, dos, los que se requieran para llegar a nuestro sueño, el punto es no quedarse estancado para partir de ahí a lo que sigue, siempre crecer en todas las formas posibles ¡Hay que vivir y no morir!

Yo te puedo decir que di ese paso y continuo en este camino de la vida y del éxito, vestirme por mí mismo, terminar la escuela y comenzar la universidad viviendo yo solo en el campus, siendo cada día más independiente, hasta lograr tener mi propio automóvil adaptado, yendo en contra de los pensamientos de los que decían que no podía, fueron pasos y acciones que he logrado a lo largo del tiempo y hoy son parte de lo que soy. Fue tan grande el significado de esos momentos, de esos cambios, que cada uno me ha dado una oportunidad más de seguir creciendo y desde el primer momento tuve que mantener en mi mente la visualización, la emoción y la acción, para así, ir cada día tras más retos que me hacen sentir vivo y sobre todo feliz.

Cuando tenía la edad de cinco años, mis padres encontraron esa escuela a la que asistí, fue un enorme cambio en mi vida y uno nada fácil, alejarme de mi área de confort, dejar la casa, dejar de estar con mis papás para ir lejos, en otro país, con personas totalmente ajenas a mí, incluso con otro idioma, todo formo parte de la línea que he recorrido para lograr ser lo que soy, aprendí con el tiempo que esa decisión, por mas difícil que haya sido, significó un primer paso adelante, el primero de muchos y que me han llevado hasta donde me encuentro hoy, y como te darás cuenta, no fue la última vez que salí de mi área de confort.

Después de la universidad, en lugar de pensar que había logrado todo, decidí que podía encontrar más y me quede a vivir en la ciudad de Houston; ahí, viviendo solo, comencé a dar nuevos pasos y mis posibilidades crecieron. Así he aprendido esto que quiero compartirte "una oportunidad es un paso adelante" Tómala, toma esa oportunidad para crecer.

La fórmula del éxito es poder combinar un pensamiento con una emoción seguida de una acción en armonía.
Yo he aplicado esto a mi vida diaria y si no logro en primera instancia visualizarme, mi decisión cambia, porque eso

me indica la inseguridad con la que voy a comenzar y seguramente algo no funcionara si comienzo así; tomo las decisiones basado en lo que puedo visualizar y siempre haciendo investigaciones, viendo probabilidades, buscando siempre el lado positivo. La falta de emoción también es un factor que me hace decir no, si se me presenta lo que puede ser una oportunidad y no siento la emoción de realizarlo, puedo notar que algo no esta en armonía para que lo realice o simplemente puede que la opción sea tomarme un poco de mas tiempo para poder lograr esta primera etapa, si no crece esa emoción dentro de mí, si no siento nada por hacerlo, mejor me retiro.

La acción, es claro, tomada basado en la coordinación de las dos primeras.

Todo esto implica un riesgo, pero como se dice comúnmente y esto si aplica aquí: "el que no arriesga no gana" el que siente que arriesga todo al tomar una acción, es muy probable que no tenga nada que perder desde un principio; las probabilidades, las consecuencias, son medidas, hay que analizar y ver que en realidad todo este en su lugar para obtener los mejores resultados.

Ahora bien, si obtienes estos resultados positivos, si llegas a tus metas, no puedo más que decirte que no te quedes sin celebrarlo, aprende a disfrutarlo, tomate tu tiempo para sentirlo; mucha gente no celebra sus éxitos, pareciera no representar nada el haber llegado a una meta. Dentro de mí, siempre hay una ocasión para celebrar, desde la meta cumplida hasta un cumpleaños, celebrar un cumpleaños es celebrar la vida, un año más lleno de oportunidades para más éxitos.

El miedo

En todo esto, es normal que exista "el miedo", un factor que todos conocemos y nos ha frenado en muchas ocasiones, a lo largo de este libro lo hemos visto presente, pero no hemos visto que haya jugado un papel importante o decisivo. El miedo, arriesgarse a tomar decisiones con esa sombra nos hace actuar erróneamente en el camino haciendo que nos dejemos llevar por este sentimiento. El tomar decisiones es difícil, pero yo te digo que debemos tomar decisiones sin dejarnos llevar por el miedo, y no solo te lo digo por decir, tú has visto ya que yo lo he vencido y he logrado superarlo, desde salir a hacer todo sin miedo a que me mires o a caer en el intento, sin miedo a abrazar los cambios, a ser lo que quiero ser como lo quiero hacer, sin miedo a decir – ¡me puedes ayudar!, sin miedo a abrazar, sin miedo a decir te quiero, sin miedo a ser feliz.

Algo que pienso cuando la gente me dice que tal vez este arriesgando es pensar que en realidad nada es totalmente nuestro, las cosas materiales no se quedaran siempre contigo, se convertirán en otras cosas, llegaran a pasar a manos de otras personas es por esto que al momento de tomar decisiones me lleva a pensar ¿Qué tanto tengo que perder materialmente? Estamos hablando de cosas reemplazables.

Hay que recordar que este sentimiento no es el mismo cuando hablamos de arriesgar algo más sensible, las personas, ahí te digo que las medidas si deben ser mas cuidadosas, más duras, si consideras que causaras daño a otra persona, simplemente no te arriesgues, en las personas es más difícil aún restaurar el daño, la consecuencia no se mide de la misma manera en la que mides algo material, aquí involucramos el sentimiento de alguien más, cada persona merece respeto en todos los aspectos y alterar su paz acosta de un beneficio propio implica perder la nuestra.

Siguiendo con el "miedo" dentro de mis creencias religiosas, que también quiero compartirte un poco, pienso que no puedo tener tanto miedo a hacer algo que deseo si hay alguien mucho más grande que yo, que nos ayuda a que todo salga bien y por el bien que me acompaña en el camino yo sigo, a lo largo de mi vida no ha habido nada que me haga creer lo contrario, no he pasado por tan mal tiempo como para decir que no está ese ser que va más allá de nosotros mismo.

Parte de perder el miedo es lo que te comenté de valorarse a uno mismo, saber que nada puede salir tan mal como para que ya no encuentres alternativas y caminos, saber que te puedes mantener enfocada y con armonía para no perder el control, siempre manteniendo la fe en que todo va a salir bien porque no lo estamos pasando de largo, sino que estamos actuando, si, actuando y resolviendo, porque quieres vivir en plenitud feliz.

No tengas a miedo a ser feliz, no tengas miedo a ser siempre feliz, no tengas miedo al cambio, mejor piensa positivo y abraza con fuerza eso que te hace sentir con paz interior y llévalo a donde quiera que vayas.

Enfrenta con fortaleza cualquier piedra en el camino ¿En donde la encuentras esa fortaleza? Ahí, en tu corazón, en la vida misma, en tus amigos, en tu familia, en la naturaleza, en lo que te rodea, no tengas miedo a encontrarlo. No tengas miedo a enfrentar a ese mundo que dices es difícil, si sabes que es difícil, has de tu alma, corazón y espíritu algo más fuerte. Como te dije, recuerda la armonía y las afirmaciones, ocupa estos ejercicios para vencer los miedos que solo están en tu cabeza.

He visto lo que el mundo puede tener para una persona como yo, son cosas positivas y la vida las tiene para todos, no lo dudes ni un segundo. Solo es que hagas algo, levantes la cabeza y entre todo lo que te he dicho, como inicio también esta romper barrera para poder avanzar, barreras que nos hemos puesto nosotros mismos.

No corras, se paciente, trabaja, no tengas miedo, yo se que puedes pensar ¿Cómo no tener miedo? Pero en realidad es tomar el primer paso, dar el segundo, uno a la vez con todos los elementos que te comente, la armonía, un trabajo mental, toma su tiempo pero cada meta la cumplirás porque eres tú, se valiente, levántate día a día seguro de ti, no tengas miedo, no estas solo, tienes esa fortaleza en tu corazón que te acompaña, esa pasión, esa tranquilidad y esas personas que caminan a un lado de ti. Un paso a la vez, un paso más, un paso más cerca de llegar a la meta, un paso con todo lo que implica, felicidad, armonía, fe, paciencia, todo.

Miedo sería no poder avanzar, dejar de tener metas, dejar de soñar, dejar de cumplir sueños, dejar de creer en las personas o peor, dejar de creer en ti. Dice un escritor famoso "tengo miedo a tener miedo"

El miedo puede frenarte, no lo dejes, depende de ti.
¿Realmente a que le tienes miedo?, ¿A triunfar o a ser feliz?
- Yo creo que a ninguna de las dos.

Cualquier "pero" esta de más si planeas bien el cambio y tomas el mejor camino, siempre hay opciones.

Si te preguntan en la calle que si ¿eres feliz?, ¿Qué responderías?

Una conversación.

Tengo en mente una conversación con una muy buena amiga y que quiero compartirte a manera de ejemplo de una persona más que confía en el poder del pensamiento positivo pero aún esta en proceso de hacerlo parte de su vida diaria. Lucy es una chica joven y en proceso de cambio por su propia iniciativa. Nos hicimos buenos amigos cuando ella trabajaba en la biblioteca de un colegio en el que me encontraba para dar algunas charlas a los chicos de preparatoria. Creo que fue algo en común que nos hizo mantener esta amistad, el deseo de transmitir lo positivo y ella con su deseo de ser más positiva. Fueron durante esas charlas en el corto tiempo libre que nació la amistad y en una reunión salió a la luz la gran pregunta que le hice -¿Eres feliz Lucy? A lo que ella contesto sin dudar pero con la pausa después del si para continuar con la respuesta del ¿Por qué?

-Soy feliz Gabriel... se que aún me faltan muchas metas por completar, otras por comenzar a hacer, experiencias por vivir, pero creo que he pasado por muchas cosas buenas, hoy en día tengo mucha tranquilidad en mi ser porque me di cuenta de que después de todo, de cada momento que me sentía sola, que de pronto no sabia hacia donde ir, en realidad nunca fui caminando por mi misma, tengo a alguien conmigo, un ejemplo que son mis padres y de los cuales aún puedo aprender, un recuerdo que son mis abuelos que han dejado valores inolvidables en mi ser, un amigo o dos que están siempre, y aunque todos alguna vez tienen ocupaciones y no los puedo ver, mi tranquilidad esta intacta porque tengo en todos ellos una familia. Se hacia donde voy, tal vez no exactamente porque la vida me ha traído sorpresas, pero se que voy en dirección a más y más éxitos. Ya no estoy sentada en mi cama pensando en que voy a hacer.

Las cosas han fluido y para bien. Confieso que algunas veces no soy tan fuerte como debería, confieso que algunas veces quiero más, pero trabajo en eso… volteo y miro todo lo que tengo a mi alrededor, soy feliz porque tengo a quien abrazar, en realidad no me hace falta nada que haga que no me pueda sentir bien. La vida es aún corta, promesas se han roto, promesas se han cumplido, experiencias han pasado, las he disfrutado como nunca y las difíciles las he superado sin tanto problema (eso digo ahora que me encuentro segura, siempre vuelvo a mi estado seguro), ahora parecieran tan lejanos esos momentos que quiero grabarlos por más tiempo en mi memoria porque son los que me han hecho lo que soy.

Se que no soy perfecta y que me falta mucho por aprender, pero trabajo en ello, hoy creo firmemente, no por nadie más que por mi, que la armonía en el corazón y mente son algo que solo uno, personalmente puede tratar, que podemos ser fuertes porque tenemos todo a nuestro alrededor para poder serlo y más que en nuestro alrededor, esta en nosotros mismos, pero debemos fortalecerlo, cada momento con el que nos alimentamos positivamente debe prevalecer y no olvidar el impacto que esto tiene.

La vida no es fácil porque nosotros la hacemos más difícil, la vida es tan hermosa como mirar una flor, como gustar de lo que hacemos y disfrutarlo, como enamorarse, como reír, la vida es tan fácil como hacer caso omiso a los que la viven erróneamente e incluso tomar la iniciativa de convertir su energía mal canalizada en positiva para nosotros, mirarlos debe recordarnos la manera en la que no queremos vivir. Soy feliz porque voy caminando por la vida tranquila, viendo los colores con los que la vida me rodea, hay tiempo para todo y no me quedo quieta esperando, voy por eso que quiero.

Si, soy feliz. Confío en que el mundo puede ser un mundo mejor para mí y los que me rodean si trabajamos todos en nuestro interior, apoyándonos siempre. Mire a mi alrededor y mi primer vista fue mi familia, es hermoso tener a alguien que te guía tanto, que no te deja caer, que te apoya incluso sin una palabra, mire a mi alrededor y vi que aunque no tengo muchos amigos, tengo los mejores, los mas sinceros hasta hoy. Mire a mi alrededor al verme herida y vi que no estoy sola. Sigo en la confesión de que me falta mucho, aún debo expresar más mi amor sin pena, porque no hay nada de pena en ello, pena los que expresan lo contrario. Pero el primer paso aquí esta, acepto mis errores, los analizo, corrijo, los paso, si puedo los aclaro con quien los viví o conmigo misma, quisiera solucionarlos todos pero algunas veces no es posible cuando las otras personas no están en la misma armonía, eso me pone triste pero debo seguir.

Se que voy haciendo mi parte positivamente para que las cosas no se queden a la deriva, se que no me puedo frenar. Hoy en día se que mi familia es una fortaleza, un pilar en mi, hoy en día se que quiero dar un abrazo sincero, hoy en día se que quiero transmitir a los demás energía positiva, pero debo trabajar en mi, no estoy chica ni grande para comenzar a hacerlo, soy y quiero hacerlo, lo deseo y quiero rodearme de eso "energía positiva" seguir trabajando laboralmente interiormente, conviviendo, enmendando errores, quiero vivir.

Muchas cosas no las he podido dejar atrás, muchas cosas me llegaron a pesar, pero el peso solo hace más difícil el paso, la obscuridad solo es de nosotros, la hacemos al cegarnos, todo por no abrir los ojos y abrirnos a más, a perdonarnos, a seguir e ir por más, por no creer en lo que somos. La fuerza interior, he aprendido, que es tan fuerte que nadie nos la puede robar, estar cerca de gente positiva me hace pensar que no todo esta perdido, cuando llego a casa y veo a mi familia pienso en lo segura que estoy, que nada esta perdido, que hay soluciones solamente, que no hay porque quedarnos viendo a ver que pasa, no, solo puedo tomar la fortaleza y hacerla más grande en virtud de esa buena persona que llevo dentro, sin pena a decir que voy a lograrlo y repetirlo en voz alta, voy caminando hacia adelante y trato de mantenerme a salvo.

La vida me ha puesto en la mente que nada es casualidad, mi vida a tomado un giro que no esperaba, pero no por ello lo rechazo, voy y me aseguro de no caer y que en ningún momento deje de disfrutar lo que estoy haciendo aún cuando sea algo que no esperaba. También voy hacia mis metas personales que siempre he tenido, pero se de más que es un proceso y la paciencia y el trabajo es primordial. Me quiero a mi misma y quiero mucho a los que me rodean y mutuamente nos hemos apoyado, aquellos que solo se han cruzado por un instante pero que han dejado huella, a todos ellos los quiero y guardo su huella positiva en mí, y me alejo de quien no aporte nada a mi persona y que mantiene su mente cerrada a algo más allá. Todo ha formado parte de mi persona y voy pensando, deseando mirar más de lo que los demás ven y así poder transmitirlo con una simple sonrisa si es posible.

Sigo trabajando en mi persona pero puedo decir que ¡soy feliz, y voy por más! Trabajo en ello y se que veré en cada meta una luz, un abrazo, una sonrisa, una plena satisfacción de lograr incluso este pensamiento positivo que quiero mantener en mi mente, corazón y en espíritu.

Nada es casualidad y el momento que vives cada día, el lugar en el que te encuentras ahorita, por poco que dure, trae consigo una oportunidad, algo positivo, algo bello, algo, lo yo quiera que sea, y en verdad quiero y deseo que sea algo positivo y se que así será. Quiero sentir paz, tranquilidad, felicidad en cada momento y ser libre de querer y poder hacer lo que quiero sin que nadie me diga nada que pueda detenerme.

Yo Gabriel, no tengo más que agregar a esta linda conversación, ambos agradeciendo el momento y Lucy expresando su sentir.

Vamos, anímate a trabajar tu alma y espíritu, veras que no es difícil, en realidad es cierto, tú te lo haces difícil, te he contando un poco de mi vida y ahora espero que algo te haya dejado este tiempo invertido… No dejes en deseos o en palabras de excitación momentánea lo que quieres ser, no lo dejes en un grito de desesperación, hazlo y que forme parte de tu vida ya, lo importante es lo que hagas de ti y que eso te haga feliz.

Toda tu pasión, todo lo que sientes no lo dejes pasar desapercibido, tus razones son tu ser que quiere y desea lograr todo lo que se propone en todos los aspectos de su vida: mental, emocional, social, físico, económico, espiritual.

Te doy esta experiencia de vida, la mía, para que tomes un poco de ella esperando te sirva de algo. Como te dije en el liderazgo, busca quien en tu vida es una fortaleza, un guía y usa eso para ver que eres feliz, mira eso que hace crecer tu sonrisa y camina sobre ello, camina hacia eso. Tú eres el creador de esa línea al éxito y la felicidad, no juegues con ello, vívelo y disfrútalo, eso es diferente a decir que solo estas jugando. En estos tiempos difíciles, eres tu, solo tu quien puede tener el cambio, iniciarlo y esparcirlo con todo tu ser, pero más que nada es de corazón...

Cada momento es una oportunidad para cambiar, hazlo. Una y otra vez repite que eres feliz sintiéndolo realmente, puedes decir que vives en armonía, que todo aquello que te rodea es lo único que necesitas para seguir en tu camino así que actúa. Se que no es fácil, nadie lo esta diciendo, pero puedes ir trabajando con estos ejercicios que te di, sin olvidar la importancia de llevarlo en tu corazón en cada momento como algo que forma parte de ti, una inercia positiva. Todo esto te llevara explorar todos esos lugares que deseas y que pensabas que no era posible tener "TODO ES POSIBLE" solo necesitas comenzar y caminar hacia donde tus pensamientos quieran volar, hacia donde esa sonrisa del alma salga desde el fondo de tu corazón...

Un final para un comienzo

La vida es mucho más, atrévete a vivirla al máximo, a disfrutarla, a cumplir cada sueño que crees imposible, no te desanimes por tus pensamientos y mucho menos por el de los demás, tu sigue tu instinto de querer ser el mejor y hazlo. Todo lo que esta aquí ha sido mi experiencia y como te dije, puedo decirte con seguridad que soy una persona exitosa y feliz; mi fortaleza la he encontrado en todo lo bueno que me rodea, en ver que aún existe gente con buen corazón, en analizar todo de manera tal que saque lo bueno y lo tome como un aprendizaje.

He hecho ya muchas cosas y aún tengo sueños que cumplir ¡seguro que tu también! Reflexiono y estando aquí, escribiendo esto, puedo sentir como Dios siempre ha estado conmigo, acompañándome, dándome fuerza y creo firmemente que lo que he logrado ha sido porque no pierdo la fe en El y por tanto en mi, en el mundo en el que estamos.

Todo tiene una simple conclusión, cada experiencia hay que hacer que valga la pena, analízala, reflexiónala, vívela con armonía y feliz.
Te invito a hacer posible ese cambio que tienes en mente

y que ha sido frenado por algunas circunstancias, te invito a realizarlo; ese deseo de llegar al éxito y ser feliz; camina con una sonrisa sincera y cuando sientas perderla piensa en todo lo bueno que has tenido hasta ahora... es tanto, que no terminarías de sonreír nunca si así lo quisieras, encontrando la fuerza en todo lo positivo que te rodea para superar cualquier obstáculo que se te presente.

Te he dicho ya que el ser humano es bueno por naturaleza, todos tenemos ese lado bueno y eso es en lo que nos debemos enfocar. Hay veces, momentos en los que tomamos decisiones que nos afectan y a nuestro entorno pero eso no es todo en la vida, no te dejes caer por eso, hay que darnos y dar una oportunidad para ver que somos buenos y que merecemos lo que soñamos ¡solo actuando verdaderamente lo obtendrás! Recuerda que lo importante es lo que hacemos para rectificar los errores, lo importante es aceptarlos y actuar para superarlos y ser mejores. Toma los errores como oportunidades para rectificar el camino.

Hay momentos que no creo el como me mira la gente y cuando les cuento como miro la vida, como veo las cosas, piensan y me dicen que seguramente es más difícil ¿como una persona como yo, con la condición que tengo, puede vivir así, tan positivo? créeme que si no lo hiciera, seguramente me encontraría en otro lugar, tal vez viviendo aún con mis papas o en un lugar en donde hicieran todo por mi, 100% dependiente.

Para lograr el verdadero éxito y ser feliz, ese que tiene que ver con todos los aspectos de tu vida, el que te lleva a amar a tus seres queridos y sentirte amado, el que te lleva a una satisfacción personal que va mas allá de lo económico, el que también es parte de lo económico, el espiritual, todo ¡es posible! el único requisito real es que tu lo quieras en verdad y tomes acción, el éxito ahí esta, la felicidad plena te espera, la tranquilidad en tu vida, siempre y cuando te convenzas de eso y actúes como yo lo hice.

Gracias también a ti, por creer en mi, por leer y regalarme un poco de tu más valioso tiempo, el presente, para conocerme más, por ser parte de esta gran historia, espero te sirva de algo mi experiencia de vida.

Atrévete, mejora o cambia todo con lo que no te sientes a gusto, recuerda que las adversidades solo sirven para demostrar que podemos con ellas, no son nada si llevamos paz en nuestro ser, incluso nos ayudan para hacernos más fuertes, para enseñarnos, para reafirmarnos a nosotros mismos que es tan fuerte ese deseo de ser mejores y llegar a cumplir nuestros sueños, que nada hay que nos pueda vencer.

Ser Feliz, una sonrisa, es mi gran secreto, vivir sin miedos, vivir sin ataduras, vivir pensando que todos somos perfectos a nuestra manera, vivir en armonía. Hay que demostrarlo y valorarnos siempre, con la plena seguridad de lo que estamos haciendo. Tengo, tenemos tanto que dar que no podemos dejarnos caer por personas que no viven de la misma manera y buscan un camino erróneo para frenarte, toma tu actitud positiva, toma tu felicidad, mira hacia donde esa sonrisa crezca y sigue el camino al éxito.

No trato de sonar idílico en este libro. Te he expresado en cada palabra una realidad, mi realidad, y como dije, no soy solo yo, tú puedes también. Es solo que tú creas en la felicidad plena, sin vergüenza, sin ataduras, con la frente en alto y con la libertad que tenemos para decidir en cuerpo, alma y espíritu que queremos ser felices en todos los aspectos de nuestra vida, con todo lo que esto conlleva.

Podrías mostrar hipocresía y decir que siempre estás feliz, caminando por la vida siempre sonriendo aún sin sentirlo, pero se que realmente no quieres esto porque cuando llegas a casa esto no te hace sentir realmente feliz, porque cuando muestras esa sonrisa sin sentirla sabes que algo te falta, tal vez no lo sepan los demás, pero lo sabes tu y recuerda que tu eres lo más importante, si no comienzas a ver por ti mismo diciendo que no tienes tiempo o que tus ocupaciones son más importantes, entonces no hay nada más que pueda decir. Al final, por más sonriente que parezcas, realmente siempre sentirás que algo te falta, sea cual fuese eso que necesitas en ti; por favor no te dejes caer pensando que vivir así es normal, porque no lo es.

Vivir feliz es lo que debe estar en nuestra mente como una forma natural de vida. Esta no es una labor de convencimiento, es una labor personal que tu y solo tu la puede comenzar a realizar. No te cierres a pensar que no puedes o que es ridículo pensar así. ¿Existen cosas o personas que quieren bloquear nuestra energía? –Claro si, pero tú no los dejaras, espero que con todo esto que te digo entiendas que el principal objetivo es que mires de manera positiva y que no lo veas como algo imposible. Tu energía puede ganarle a cualquier otra si estás en tranquilidad contigo, si estas contento, si encuentras ese punto en el que nadie pueda perturbar tu paz, tu armonía.

No comprendo muchas cosas de la gente así, que cree que no es posible, pero me abro esta posibilidad...

Después de decirte que la gente me pregunta ¿Cómo le hago? A mi manera de ver las cosas, el que no puede creer cómo le hacen los demás soy yo, cómo es que la gente con dos piernas completas, dos brazos, con toda la salud, con toda una vida por delante no hace algo por disfrutar cada momento y sentir que tiene todo. No soy solo yo, somos todos los que debemos y podemos vivir de esa manera, mi lucha es parte de mi éxito junto con mi manera positiva de pensar, no importa que tan difícil crees que haya sido, en realidad no lo fue, no lo ha sido.

Esta es parte de mi vida y has visto ya como cada momento ha tenido buenos frutos, así, de esa manera veo los momentos difíciles, las experiencias complicadas nos hacen más fuertes. Los momentos llenos de felicidad los tomo y llevo en mi corazón para alimentar mi alma. La energía positiva se atrae entre si y así mismo me describo, como una persona sencilla, sonriente, que camina de manera positiva hacia su felicidad pensando en que todos tenemos esa oportunidad y debemos tomarla, con valor, con energía, con paciencia, con humildad y con amor. No es una pelea, es una manera de vivir y pensar positiva, en ello no hay secreto, vivir la vida día a día al máximo: el minuto, el segundo cuenta para cumplir esa meta que es el éxito pleno para ti. Ese es mi mensaje para ti.

Y termino con esta afirmación que te pido repitas pensando en todo lo positivo que tienes en tu mente: la naturaleza, el simple hecho de poder respirar, el estar en donde estas y tener la oportunidad de ir por más porque tienes salud, tienes un momento de vida más, tienes todo... tu familia, amigos, todo eso que te hace decir

"VIVO Y SOY FELIZ "

Ve por más metas cada día,
más afirmaciones y vive la vida con intensa felicidad.

¡Si yo puedo, tú puedes! Ser feliz.

GRACIAS y hasta pronto.

www.siyopuedotupuedes.com

"El hombre es el artífice de su propia felicidad"

Thoreau

Gabriel Nájera

Te invita a participar en su próxima conferencia, presenta este cupón y obtendrás un descuento en la compra de tu entrada.

30%

Primera edición, 2013
Segunda edición, 2014
D.R. © Gabriel Nájera, 2014

Impreso por:
Luna Roja Diseño e Impresión, S.A. de C.V.
José Peón Contreras 154 Col. Obrera
Delegación Cuauhtémoc C.P. 06800
CDMX